やりたいことが見つからない君へ

坪田信貴

小学館
Youth
Books

はじめに

「将来、何になりたいの？」

「何か一つ、やりたいことを見つけなさい」

「夢ができたら、それに向かって頑張ることができるはずだよ」

君は、誰かにそんなふうに言われたことがありませんか？

学校でも「将来の夢」や「やりたいこと」を書く機会はたくさんあるはずです。

でも、

やりたいことが見つからない
将来の夢なんて、特にない

そういう中学生や高校生は、たくさんいます。

小学校低学年までは、サッカー選手だの、YouTuberだの、ケーキ屋さんだの、アイドルだの、といくらでも夢が出てきたのに、中学生になったとたん、現実味が出てきて純粋に夢を語れなくなったり、「そんな仕事では食べていけないよ」と親御さんに否定されたりして、何を目指したらいいのかわからなくなってしまったという人もいるかもしれませんね。

そして、多くの人がこう言うのです。

「やりたいことが見つからないから、やる気が出ない」

親御さんもこう言います。

「うちの子も、やりたいことが見つかったら、行きたい大学や学部が決まるはず。行きたい大学や学部が決まったら、ちゃんと勉強するようになるはず」

つまり、今はやりたいことが見つからないからやる気が出ないだけで、やりたいことが見つかりさえすれば、やる気は出てくるはず、というロジックです。

でも、やりたいことって、そんなにすぐに見つかるのでしょうか。

自己紹介が遅くなりました。皆さん、こんにちは。坪田信貴《つぼたのぶたか》です。

僕はこれまでに20年間、塾講師として、1300人以上の子どもたちの指導を行ってきました。

中学生・高校生がメインで、そのなかには僕の著書『学年ビリのギャルが1年で偏差値を40上げて慶應大学に現役合格した話』（KADOKAWA）で有名になったさやかちゃんもいます。

でも時折、塾を訪れる人のなかには、20代や30代、あるいはそれ以上の年代の方もいました。

最高年齢の方は52歳の男性です。52歳で、「大学の医学部の受験をしたい」と言って、塾にやってこられたのです。

この方は、長年エンジニアの仕事をされていた方でした。もともと奥さまのご実家が病院を経営されていて、跡を継ぐ人を探していたのですが、自分には医師になるという自覚はなく、ずっとエンジニアとして過ごしてきたといいます。

でも50代になったとき、彼はふと、自分のやりたいことやこれからの人生をじっくり考えてみたそうです。

すると、自分はパソコンに接するよりも、本当は、人と接することの方が好きだと気がつきました。また、プログラム上の問題点を探したり、コードを修正したりして、人が困っているのを助けるエンジニアの仕事と、医師の仕事は本質的には同じではないかと気づいたそうです。

医師も、病気になった人の原因を探し当てて、治療や生活上のアドバイスなどの解決法を考えて患者さんをサポートしますよね。それによって患者さんが元気になり、本人だけでなく、周りの人も笑顔になります。

そのように、「モノ」ではなく、「人」を助けて相手に喜んでもらうことこそ、自分の本当にやりたいことだったのではないか――そう思い至ったというのです。

ここまで話したところで、その方は自信なさそうな顔をして言いました。

「でも、今から医学部を目指すなんて、現実的に考えたら無理ですよね……」

それを聞いた僕は、自信を持って答えました。

「いやいや、現実的に考えても、まったく無理じゃありませんよ！」

これは紛れもない、僕の本心でした。

実際、その方は働きながら1年半ほど塾に通い、10代の子たちにまざって受験勉強をされた結果、3つの医学部に合格して医学部に進むことになりました。

実は、坪田塾にはこうした「異例」のエピソードがたくさんあります。

ビリギャルのさやかちゃんのように、成績がきわめて悪かった子が「ゼッタイ無理に決まっているよ！」と周りに笑われながらも難関大学に合格した例や、高校3年時に学年で100番以下だった子が東大に合格した例もあります。

一般的には無理と言われるようなことでも、指導方法や勉強方法を間違えなければ、結果は出るのです。


それはともかくとして、考えてみればこの52歳の男性は、「やりたいこと」ではないことを30年もやってきたということです。社会人として他の仕事を続け、30年経って初めて自分のやりたいことに気がついたのです。

そういう人もいます。いや、案外世の中には多いかもしれません。

30年後にその夢を実際に叶えて、50代から本当にやりたいことを始めた人は少ないかもしれませんけどね。


とにかく僕が言いたいのは、「やりたいことがわからない」なんて人はたくさんいるし、今やりたいことがないからといって不安になる必要なんてまったくないということです。

52歳で本当にやりたいことを見つけて、それを目指して努力した結果、それが叶って自分も家族も幸せになったら、それは大成功と言えるのではないでしょうか。

むしろ、人生の早い段階で自分のやりたいことを見つけて、そのままそれを目標にして成功した人のほうがずっと少ないと思います。

だから、今やりたいことがなかったとしても、悩む必要はまったくありません。ただ、「やりたいことが見つからないから、何を目指して勉強をしたらいいかわからない」

と悩んでいる人が多いのも事実です。

ですから、この本では、１３００人以上の子どもたちの進路を見守ってきた僕が考える「やる気の出し方」や「10代の過ごし方」、「本当の自分の見つけ方」、「失敗との向き合い方」などをお伝えしたいと思います。

これらはいわば、**進むべき道がわからないと悩むあなたへ送る「人生戦略」**です。

若い時期にこうしたことを知り、自分の頭でしっかり考えておくことで、あなたはこの混乱の時代を生き抜くために必要な力がつくはずです。

その力を得た君が手に入れるのは、まさに「自分らしい、幸せな人生」です。

というのも僕は、10代というのは、その人がその人らしく生きるための「土台」をつくり上げていく時期だと思っているからです。

人生のうちで、もっとも体力があり、もっとも知を吸収できて、もっとも感性が輝く時期だからです。

そんなかけがえのない時期を、やりたいことが見つからないからといって、不安になったり、焦ったりするのは本当にもったいないことです。

また、「皆がそうしているから」とか「親に言われたから」「無難だから」といった理由で、簡単に人生の選択をしてしまうのも、実にもったいない。

さらに、そんな選択によって自信をなくしてしまうのはもったいないどころか、有害だと思っています。

誰かに決められた道を黙って選ぶのではなく、自分自身でしっかり考えて選んだ「あなた自身の人生」を生きてほしいのです。

本書がその一助になることを願っています。

やりたいことが見つからない君へ・目次

第1章

「やりたいこと」がなくても大丈夫

「やりたいことがある！」はむしろ珍しい

皆さんは、前田裕二《まえだゆうじ》さんという方を知っていますか？

20代で、ライブ配信を行うプラットフォーム「SHOWROOM（ショールーム）」を立ち上げたスゴ腕の経営者です。ベストセラーになった『メモの魔力』（幻冬舎）を書いた人でもあります。

以前、その前田さんが司会を務めるラジオ番組にゲストとして呼んでいただいたときのことです。

前田さんは、講演会などで中学生や高校生から「自分にはやりたいことがないのですが、これからどうしたらいいのでしょうか？」という質問をよく受けるそうです。

でも、前田さん自身には、若い時期からやりたいことが明確にありました。だから正直に言うと、こういう質問をする方にどう答えればいいかわからないと言います。

そこで、「坪田さんがこういう方の先生だったら、どう答えますか？」と聞かれたのです。

僕はこう答えました。

やりたいことがある人よりも、やりたいことがない人のほうが成功しやすい、と。

もちろん、やりたいことがあるのは素敵なことですし、そういう人が成功しないと言っているわけではありません。

でも、前田さんのように、やりたいことが早くから明確にある人は少ないし、しかもそれで成功している人はかなりレアケースです。

また、これも番組で実際に話したのですが、前田さんが本当に成功しているのかといえば、実はまだ微妙だと僕は考えています。SHOWROOMは確かに成功していますが、前田さんならもっと成功するはずだと思っているからです。

やりたいことがない人のほうが成功しやすい

ではなぜ、やりたいことがない人のほうが成功しやすいのでしょうか。

その理由は2つあります。

1つ目は、**若い時期には「手持ちのカード」が少ない**ということです。

中学生や高校生の頃の知識や経験値は、正直言って多くはありません。大人に比べれば、圧倒的に限られたものです。

人間は自分の知識や経験以外のことは考えられませんから、小さな世界のなかで「やりたいこと」を選ぶと、当然、選択肢は狭まってしまいます。

それは、5枚しかカードを持っていない人が、そのなかから1枚カードを選ぶのと同じです。カードを10枚も20枚も持っている人に比べたら、選択肢はずっと少なくなりますよね。

たとえば、トランプの大富豪ゲームで3や4や5しか持っていなければ、このなかで一番強い5で勝負しなければいけませんから、すぐに負けてしまいます。

あるいは、こう言われたらどう思うでしょう。

「今のクラスメイトのなかから、将来、結婚する相手を必ず1人、選ばなくてはいけない」

もちろん、本当に好きな人がいればいいですよね。でも、そうではない人を「クラスメイトのなかから選ばなければいけないから」という理由で選んだとしたら、一生その人と幸せに過ごせる確率はかなり低く、危険なギャンブルに近いのではないでしょうか。

それと同じです。

人生の早い段階で自分のやりたいことを決めるということは、「今、持っているカードのなかから最善のものを選ぼうとしている」ということです。やりたいことを早くに決めてしまうと、将来の選択肢が限られるだけでなく、新しいカードをつくって増やしていく方向へ意識が向かなくなってしまう可能性もあります。

そして、やりたいことがない人のほうが成功しやすい理由の２つ目。

それは、**「自分がやりたいこと」より「人が求めていること」のほうが成功しやすい、**ということです。

例を挙げてみましょう。

ここに、フランス料理のシェフになりたいという人がいたとします。

その人はフランス料理を初めて食べたとき、その味に感動して、「こんなふうに人を感動させられる世界一の料理人になりたい！」と思いました。そこでフランスに渡って修業を重ね、大人気店のシェフに昇格しました。

すると、次は自分の店を持ちたいと考えるようになります。大人気店のシェフですから、きっとお店も大繁盛することでしょう。

でも、もしもその人が、どこかの離島で高級フレンチの店を出したとしたら、どうなるでしょう？

たぶん、お客さんはほとんど来ないのではないでしょうか。

なぜなら、そこにはニーズ（需要）がないからです。

どんなに「これがやりたい！」「ここでやりたい！」という熱い情熱があっても、ニーズがなければ、ビジネスは成り立ちません。これは料理以外のことでも同じです。どれだけよい性能の商品でも、ニーズがなければ売れませんよね。

つまり、「自分がやりたいこと」ばかり追求しても、そこにニーズがなければ成功できないということです。

もちろん、夢があるのは素晴らしいことです。

でも、社会にはそのニーズがないかもしれません。

ニーズがないということは、それを必要としている人がいないということです。それでは、人もなかなか寄ってこないし、お金も稼ぎにくくなるでしょう。

自分がやりたいことをやるのは、ある意味で「エゴ」とも言えます。そこに皆がついてきてくれるとは限りません。

しかし、誰かを手伝うとか、人のやりたいことに賛同して何かをやるのであれば、そこには必ずニーズがあります。

ですから、「人のやりたいこと」を手伝う姿勢のほうが成功しやすいのです。

そして、やりたいことがない人のほうが、「人が求めていること」や「世の中が必要としていること」へ注意を向けやすくなります。

さらに、「やりたいことがある」という人と一緒に何かをやっているうち、いろいろな経験値がついていって、自分の世界も広がっていきます。

つまり、人生の早い段階で中途半端な夢を持つ人よりも、「人が求めていること」や「世の中が必要としていることは何か」を考える人のほうが、後々にずっと大きな可能性を持っているということです。


ですから僕は、若い時期にこそ必要なのは、今持っているカードのなかから無理をしてやりたいことを選ぶのではなく、**まずは自分の手持ちのカードを増やしていくこと**だと思っています。

その際には大事なポイントが2つあります。

1つ目は、**「どうせ自分には無理」という固定概念に縛られない**こと。

自分や周りの人の考えだけで、「それは無理」とか「あり得ない」と決めつけていたら、今以上にカードは増えていきません。

２つ目は、**短期的な視点だけで物事を捉えない**ことです。

「半年間や1年間で必ず結果を出さなければいけない」というように、短期的な視点にこだわっていたら、カードを増やしていくことはできないのです。

冒頭でご紹介した52歳の男性もそうでした。

「52歳で、医学部受験をするなんて無理」という固定概念に縛られていたら。

「あと半年で合格しなければいけない」という短期的な視点にとらわれていたら。

せっかく50代で本当にやりたかったことに気がついたのに、その後の人生を変えることはできなかったでしょう。

「どうせ自分には無理」という固定概念

身内の話で手前味噌ですが、僕の妹のケースを紹介させてください。

僕の妹は高校生のとき、女子大学の文系学部に進学して、幼稚園の教諭になろうと考えていました。実家が幼稚園を経営していたため、そこを継ごうと考えていたからです。

でも彼女は、高3の夏休みに入ってもいまいち成績が上がらないどころか、モチベーションがまったく上がらずに悩んでいました。

僕は妹より8歳も年上で、当時すでに塾で生徒を教える仕事をしていましたから、母から妹の相談に乗ってあげてほしいと頼まれたこともあり、ある日、妹とじっくり話をしてみることにしたのです。

すると、幼稚園の先生や園長という進路は、実家がそうだから自分が継ぐものだと思い込んでいたものの、本当にやりたいかどうかはわからない、と言います。

そのとき、僕はふと、妹が小学生のときに「お医者さんになりたい」と言っていたことを思い出しました。アルツハイマー病になったおばあちゃんを治してあげたいと言っていたのです。

「まあ、そうなんだよね」と認めながらも、妹はこう言いました。

「でも、私って文系だからさ。英語とか国語は得意だけど、数学とか、物理とか化学なんてゼッタイ無理だから、医学部なんてあり得ないでしょ！」

自分は文系だから、理系なんて無理に決まっている——よく聞く言葉ですよね。

でも僕に言わせれば、それは間違いです。

はっきり言って、受験勉強というのはパターン学習にすぎません。

国公立大学の医学部に到達するレベルなら、数学なら２５００の解法パターン、物理や化学なら、それぞれ２５０パターンを覚えれば大丈夫です。

ですから、ほとんどの場合、大学合格というのはもともとの脳の良し悪しで決まるものではありません。単純に、どれだけパターンを記憶できるか。鍛え方次第ということです。

次に僕は、どうしたら国公立大学の医学部に合格できるかを説明しました。

「じゃあ、たとえば日本の最難関と言われる東大の医学部（理Ⅲ）って、試験でどのくらい点をとれば合格できるか知ってる？」

「え、東大の医学部？　ほぼ満点とか？　少なくとも9割はとらないとダメだよね」

「いや、違うよ。７割とれれば合格できる」

妹は目が点になっていました。「ほんと?・」って。

どういうことか、ざっと説明しましょう。

まず、国公立大学の入学試験には、センター試験（2021年より大学入学共通テスト）と二次試験の2つがあります。1月に行われるセンター試験は110点満点、2月や3月に行われる二次試験が440点満点です。その2つを合わせた総得点が550点です。

そのうち、東大理Ⅲに合格した人の最低点は、550点中385点付近です。ということは、7割くらい解ければ合格するし、残りの3割は解けなくても大丈夫だということです。

この7割という数字がどういうものかというと、高校の数学の参考書には有名な「チャート式参考書」というものがあります。白チャート式→黄チャート式→青チャート式→赤チャート式の順で難しくなっていきますが、たいていの進学校では青チャート式をやるよう指導されています。

でも、実際にはそこまでする必要はありません。基本の白と黄をやっていれば、国公立大学試験で7〜8割を超えるくらい得点できるようにはなります。

それは、国公立の大学にはほぼ合格できるレベルですし、超難関といわれる東大理Ⅲでも十分狙えるレベルです。

東大医学部というと超最難関で、雲の上の存在だと思う人も多いかもしれませんが、実際には試験の7割を得点できればいいわけです。つまり、「試験で7割とるためにはどう勉強すればいいのか」という戦略を考えればいい。でも、多くの人は「東大受験なんて自分には無理に決まっている」と思考停止してしまって、戦略を考えるところまでいけないのです。

ここまで話をすると、妹は「え〜、うちの高校、青チャートやってるよ。やらなくてよかったの？」とビックリしています。

そう、やらなくていいことまでやっているから難しく感じて、多くの生徒が自分には数学や理系のセンスがないと思い込んでしまうのです。

このように、「数学は難しい」とか「自分には無理だ」といった、従来の固定観念に囚われていると、ベストパフォーマンスを発揮することはできません。

基本的に白と黄をきちんとやっていれば、たいてい7割程度は得点できるようになりますから、東大ではなくても、いわゆる「駅弁大学」と呼ばれる国公立大学に合格する可能性は十分あります（駅弁大学とは、千葉大学や三重大学、広島大学など、旧帝大を除く地方の主な国立大学のことです）。

短期的な視点だけで物事を捉えない

それでも、妹はまだ心配そうな顔をしています。

「でも今、高3の夏休みだよ……。やっぱりあり得ないでしょ⁉」

彼女がそう思うのも、無理はないかもしれません。

進路上で理系から文系に変わることを「文転」と言いますが、実は理系を目指している子の3割程度が文転しています。

でも、その反対の「理転」は、まずいません。

僕も、自分自身の教え子のほかにもたくさんの子どもたちを見てきましたが、たぶん1万人に1人もいないと思います。一般的に、理系は文系よりも難しいと言われているからです。しかも、高3の夏休みに文系から理系に変えるなんて、さらにあり得ないというわけです。

でも、なぜ「あり得ない」と思うのでしょうか?　それは、「受験に間に合わないと思っているから」でしょう。

では、たとえば「あと3年かける」という観点を持っていたらどうでしょうか?　それなら間に合うかもしれない、と思えるのではないでしょうか。

僕は、教育関係者や親御さんたちから、よくこんなふうに聞かれることがあります。

「坪田先生は、生徒指導で失敗ってしたことないんですか?」

でも、僕はそういう方に逆にお聞きしています。生徒指導における失敗というのは、どういう状況でしょうか、と。

たとえば、生徒が学校を途中でやめてしまう、ということがありますね。

でも、それも本人が学び続けて夢を叶えれば、失敗とは言えません。

そういう方によくよく話を聞いてみると、結局は「大学に合格できないこと」が失敗だというのです。それも現役で。浪人した後に大学に受かっても、現役で合格できない限りは失敗だ、と。

でも、現役で大学に合格することは、それほど大事なことなのでしょうか。

本当は医師になりたいと思っていたけれど、あと半年で医学部に合格するのは無理だから諦めて他の道を選んだ人と、浪人しても頑張って、1年後や2年後に医学部に合格した人。この2人のどちらがその後の人生で幸せを感じる可能性が高いか、考えてみてほしいのです。

その後の人生がそれで幸せになるのであれば、現役合格しなかったことは、決して失敗ではありませんよね。

考えてみれば、僕たち大人の世界は「うまくいかないこと」ばかりです。

たとえば、本を出版する作家や編集者は毎回ベストセラーを出しているわけではありません。

僕は1冊目に書いた本がたまたまミリオンセラーになりましたが、それは普通ならあり得ないことだと多くの人から言われました。確率論的に考えても、最初の数年間は担当作がまったく売れないなんてことはよくあることで、「10年目で、やっとベストセラーを出せました！」となれば、それは大成功とか、素晴らしいことだと言われます。

それなのに、なぜか受験に関してだけは、目先の結果だけにとらわれてしまう。親御さんも子どもも、視野が極端に短期的になり、「あと半年間で入れる大学」にこだわってしまうケースが少なくないのです。

誤解しないでいただきたいのは、僕は何も東大に行くのがいいとか、偏差値が高い大学のほうがいいと言いたいわけではないということです。

また、東大に入ったからといって、確実に幸せになれる保証はありません。

そうではなくて、もう少し長期的な視野で自分の人生を考えたほうがいいということです。

特に、今の中高生は「失敗したくない」という安全志向が非常に高くなっています。

僕がそういう子どもたちに言いたいのは、

「『現役で合格することが成功』と思っている時点で、大間違いだ」

ということです。

本当は医師になりたいという気持ちがあるのに、それをなかったことにして、自分がこの半年間で選べる大学という観点だけで進学先を選ぶ。大学を卒業した後も、そのときの自分が入れる会社に入る。

その時点では、「大学に入れた」「会社に入れた」とひと安心するかもしれません。

でも、そういう生き方で、ずっと満足したまま生きられるでしょうか？

100年かけても達成したいと思えるもの

妹の話に戻りましょう。

妹は、最初こそ高3の夏休みからの理転なんてあり得ないと言っていましたが、2

人で一晩中じっくり話した結果、医学部を目指すことを決めました。

そして浪人して、無事に国立大学の医学部に合格し、今は念願の整形外科医として活躍しています。

そう、「今からなんて無理」「自分なんて無理」という固定概念を捨て、目の前の勉強に集中すれば、また短期的な視点で物事を捉えなければ、必ず学力は伸びるのです。

一般的に考えたらあり得ないと言われる文系の医学部受験だって、十分可能になるということです。


いつも思うのですが、そもそも「浪人」という言葉がよくありませんよね。

僕は、浪人というのはジャンプ前の「助走期間」だと思っています。

また、最初に目指していた志望校と変わったっていいし、将来の希望を叶えてくれる専門学校を見つけたなら、そこに進むのもいいと思っています。

たまに、こういうことを言う方がいます。「せっかく頑張って勉強しても、試験当日に体調が悪くなって、うまくいかないかもしれない」。

もし仮にそうなったとしても、その経験を通してその人は、自分の体調を自分で管理する大切さを学ぶことでしょう。

それは現役で合格することよりも、人生ではずっと大切なことではないでしょうか。

僕に言わせれば、現役合格は本当の成功とは言えません。

本当の成功というのは、「100年かけてでも達成したい」と思えるものを見つけることや、それを共有できるような仲間を見つけることではないでしょうか。

現役で大学に合格することや、いい大学へ行くことは最終目的ではなく、あくまでそこへ到達するまでの通過点です。それなのに、現役で合格することだけが目的になってしまうと、その人はそれ以上、大きくジャンプすることはできません。

「こんな俺でも東大に行けるんですか?」

どんな子であれ、勉強を始めたら絶対にスタート時点より伸びていきます。

ですから、僕は生徒指導をしていて「うまくいかなかった子は1人もいない」「失敗なんてない」と断言しているのです。

そういえば、過去には、世間から「不良」と呼ばれていたが、僕の予想を超えて大化けした例もありました。その子は、いわゆる問題児扱いされていました。このままでは、少年院のお世話になるのは時間の問題と言われている子でした。

当時20代だった僕は、塾の講師をしながら、ほぼボランティアで子ども向けに英語で空手を教える教室を開催していました。

そこへ、警察の少年課に勤める昔の後輩が、その高校生を無理やり引っ張ってきたのです。警察に捕まる前に何とかしなくてはならないということで、教育の仕事をしている僕のもとに連れてきたと言います。

僕は確かに教育に携わっているものの、こんなケースは初めてです。最初はためらっていたものの、後輩の勢いに押しきられ、その高校生と会ってみることにしました。

彼の第一印象は「ヤバい」の一言でした。

何しろ身長が１８５センチくらい、体重も90キロ以上ある巨体なうえに、目が完全にイッた感じの「ザ・総長」でした……(実際に暴走族の総長でした)。

そんな総長の前に立たされた僕の身長は、165センチ。

総長も「はあ? こんなチビが空手を教えるの?」という目で僕を見下しています。

そこで僕は、「組手でもやってみましょうか」と声をかけ、摑みかかってきた相手を制圧しました。何年も空手をやっていると、大きな相手でも倒すことができるのです。

するとその瞬間、総長は「この人、やるな」とハッとした顔をしました。

そして、その日から彼は週に何度か、空手の練習に通ってくるようになったのです。

空手を教えながら、僕は彼といろいろな話をするようになりました。

彼自身の話や将来の話も聞くようになったのですが、実は、その地方で一番大きなヤクザの組織からスカウトされていると言います。大きな暴走族グループの総長をやっているくらいですから、当然そういう話も出てくるのでしょう。「高校を辞めてうちに来い、酒も女も、何でもやりたい放題だぞ」と誘われているそうです。

彼は、「今は他にやりたいこともないし、そうやって誘ってくれる人がいるから、ヤクザになるのもいいかな」と話しました。

僕は、彼からそういう話を聞いても特に止めはしませんでした。社会福祉士や心理カウンセラーなど、更生に携わる人たちからは止められているようでしたが、僕は彼の判断に任せたのです。

総長はそんな僕に興味を持ったのか、次第に、僕の本業である塾について聞いてくるようになりました。


「師範《しはん》（彼は僕をそう呼んでいました）のやっている塾って、どんな塾なんですか？」

「いろんな子がいるけど、最初は全然勉強ができなかった子も、東大とか慶應とか医学部とかに行けるようになるんだよ。すると、自分のことをバカだと思っていたり、自分はできないと思っていたりした子も自信がつくんだよね。世の中も見返せるよね。それをすることで、世の中ってもっとよくなっていくと思っているんだ」

そんなふうに僕が語ると、総長は、ぐっと前のめりになりました。

「それって、いじめられっ子が空手をやって、強くなって、周りを見返してやる！

みたいな感じですか？」

「そう。まずは、自分にもできるって思えるようになることが大事だよね」

「俺、すごいバカですけど……」

「だろうな！」

「……こんな俺でも東大に行けるんですか？」

「うん、行けると思うよ！　ちゃんとやれば」

「えっ、マジですか⁉　俺も１回、塾に行ってみてもいいですか？」


翌週から、彼は塾に通ってくるようになりました。

高３の９月でしたが、それまでまったく勉強していなかったので、小学校の復習からのやり直しです。

それに対して文句も言わずに取り組んだ彼は、その後、みるみる成績を上げていき、結果的には、なんと県で２番目に偏差値の高い私立大学に合格しました。

ヤクザになるかどうか迷っていた総長が、東大でこそありませんが、県内でトップクラスの大学に合格したのです。

「俺、今まで大学に行こうなんて思ったこと1回もなかったけど、先生に会って、ちょっと勉強してみてもいいかなって思ったんだ。そしたら、成績がどんどん上がって、親もすげえ喜んでくれて。大学に合格したって言ったら、親戚中が大喜びだよ！」

彼も、そう言って喜んでいました。

やらない理由を見つけるのは簡単

さらに驚くのはここからです。

彼が無事大学に入学して、1、2年ほど経った頃でしょうか。ふいに彼が塾を訪れて、「先生に相談がある」というのです。

聞いてみると、こんな話でした。

それまで暴走族や組関係の知り合いくらいしかいなかった彼は、大学に入学したことで、人間関係が大きく変わりました。そんなときに出会ったのが、芸術系の大学に通って絵を描いている女の子でした。総長はその出会いによって自分が絵を描くのが好きだったことを思い出し、その子と一緒に絵を描いてみたそうです。

するとその絵の出来が非常によかったので、女の子がふとした思いつきでクラスの課題に自分のものとして提出してみると、たちまち教師たちから「天才だ！」「素晴らしい！」と大絶賛されたというのです。

自分の絵の才能に気づいて、本格的に絵を描き始めた彼は、こう話しました。

「俺、それまで興味なんて全然なかったけど、ちょっと塾に行ってみようかなと思って塾に行ったら、大学に行けたじゃん。次はちょっと絵を描いてみようかなって、実際に絵を描き始めてみたら、これがすごく楽しいんだ。それだけじゃなくて、俺の描いた絵を見て、たくさんの人が『優しい絵だ』って言ってくれるんだ。

俺、人に優しいって言われたことなんて、今まで1回もなかったからさ。今までは人を殴るくらいしかやってこなかったし、そもそもヤクザになるつもりだったし。

だから、本格的に絵を学んでみたいって心から思ったよ。大学を辞めて、海外に行って、ちゃんと絵画を学びたいって。

でも、現実的に考えたら絵で生活していくなんて無理だよな。先生、どう思う?」

いや、驚きました。

本気で彼は「絵を学びたい」と語っているのです。

彼は仲間思いで知られていましたが、仲間以外の人からも優しいと言ってもらえたのが、よほど嬉しかったのでしょう。

でも、親から反対されるのは、彼だって百も承知です。このまま大学に通って、普通に会社に就職したほうが親は喜ぶこともよくわかっている。それで悩んでいました。

もちろん、僕は応援すると言いました。

もしも絵を描いて生活に困ったら、そのとき生活できるように働けばいいのです。

何より、この瞬間の自分の思いを無駄にしてはいけないと話しました。今までやりたいことがないと言っていた彼が、それまでに見たこともない切実な表情で、どうしてもやりたいことがあると訴えているのです。

僕は、もし親御さんが海外への渡航料を出してくれなければ自分が出すと言って、その背中をグイグイ押しました。

そして、「個展ができるくらい、頑張れよ！」と送り出してから、数年後。海外にいる彼から個展の招待状が送られてきたのです。

なんてすごい奴だろう、と僕は感動しました。個展を開けるということは、作品を買ってくれるお客さんや固定ファンがついているということです。大成功じゃないですか！

特にやりたいこともなく、誘われるままヤクザになることを考えていた高校生が、勉強を始めて大学に行き、やりたいことを見つけて、日本から遠く離れた海外で成功している。塾をやっていて本当によかったと思うのはこんなときです。

ただ、逆に言えば、こうした例が特殊なケースになることが今の日本社会の問題でもあると思っています。

ビリギャルのさやかちゃんも慶應大学に合格して「奇跡」と言われましたが、僕自身は奇跡だなんて思っていません。

どんな子でも、学べば必ず成長し、成長すれば、結果を出すことができるからです。

それなのに、周りも自分も、高３のときにこんな成績だったらもうダメだとか、グレていたら無理だとか、こういう家庭環境だったら不可能だと決めつけて、簡単に諦めてしまう。

そう、やらない理由を見つけるのは簡単ですよね。

「自分はバカだから」「家がこうだから」「もう30歳だから」「やりたいことが見つからないから」……。

でも、それはいろいろな理由を自分に当てはめて、言い訳をして簡単に諦めているだけです。

逆に、うまくいった人に対しては「あの人はもともと才能があった」とか「地アタマがよかったんでしょう」などと言いますが、**僕に言わせれば、どの子だって地アタマはいいし、方法さえ間違えなければ、必ず成長するのです。**

「あの人には、やりたいことが明確にあったから成功した」も同じです。

総長の彼にも、もともとやりたいことがあったわけではなく、「自分のできること」から始めていって、自分の可能性を広げていっただけです。それによって、環境や人間関係が変わり、自分のやりたいことに気づくことができた。

ですから、「まずはやりたいことを見つけなければいけない」と思うこと自体が間違っているのです。

「やる気」はどこからやってくる？

「はじめに」でも触れましたが、多くの人が「やりたいことが見つかれば、やる気が出てくるはず」と考えています。

そういう人が信じているのは、こういうベクトルでしょう。

やりたいことが見つかる↓　やる気が出る↓　勉強する↓　できる

これ、実は正反対です。

できる↓　勉強する↓　やる気が出る↓　やりたいことが見つかる

まず、自分の目の前のことで成果を出すと、先生や親から褒められて、評価されるようになります。

すると、「自分は〇〇ができる！」と自分で思えるようになります。

そうなると、そのイメージを自分で壊したくないと思うようになり、必死で頑張るようになります。すると、さらに成果が出ます。こうして、優秀な人はさらに優秀に、できない人はさらにできなくなるという格差が生まれるのです。

できる人は、そのようにして徐々に「自信を持つ自分」という人格を形成していきます。基本的に「自分は能力がある」という自信があるので、何かをやる際にも前向きに挑むことができます。

将来的には、それが仕事の成果にも結びつくようになってきます。本来、仕事と学力は無関係のはずですが、こうした連鎖によって、大人になってからも学生時代の成果が仕事と結びついてしまうのです。

すると、職業選択の機会も広がり、やりたいことも見つけやすくなるのです。

ですから、**若い時期に大切なのは、どんなことでもまずはやってみて、小さなことでもいいから「成長した」という体験を積み重ねていくこと**です。

それが上達してくると、さらに「もっとやりたい」という気持ちが高まり、「やる気」が出てくるからです。

逆に、こんな考え方もあります。

特に根拠はなくても、「こんなの、絶対にやってるうちに成長する」と思って挑んでみるのです。

とにかく、無理やりでもいいから自信を持って、まずはトライしてみることです。

繰り返しますが、今は「やりたいことが見つからない」と悩むときではありません。

それより、「固定概念を捨て、目の前のやるべきことに集中する」ことです。

そして、その際には「短期的な視点で物事を捉えない」ことが大事です。


では、ここで考えてみましょう。

「目の前のやるべきこと」というのは、何だと思いますか？

それは、「誰かが君にやってほしいと思っていること」です。

国かもしれませんし、学校かもしれませんし、親かもしれませんが、中学生や高校生の間に、最低限これだけはやってほしい、学んでほしいと考えていることです。

だからこそ、国は税金をかけて、親は手間やお金をかけて、口を酸っぱくして子どもたちに「学びなさい」と言うのです。

もちろん、そんなことは面倒で、やりたくないと思うかもしれません。

でも、それを「いかに、うまくこなしていくか」も練習次第です。

やりたくないけれど、やらなくてはいけないことを、自分の気持ちをコントロールしたり、簡単にこなせるような工夫をしたりして、いかにうまくやるかを考える。「うまくやる」というのは、ズルをするということではありません。目的を実現するために、効率的に物事を進めるということです。

嫌だからやらない、ではなくて、いかに自分がスムーズにできるかを考えてみる。学生時代というのは、そうしたトレーニングを積む時期でもあります。

今の自分がやらなければいけないことは、誰かが自分にやってほしいと思っていることである。そしてそれは必ず自分のためになる。まずは、そういう認識を持つことが大切です。

勉強は好きですか？

とはいえ、勉強したくないと思う子どもたちの気持ちも、よくわかるのです。

僕はよく塾の生徒たちに「勉強は好きですか？」と聞いてみるのですが、8割から

９割の子が「嫌い」と答えます。

小、中、高と12年間も学校に通って、最終的にほとんどの子が「勉強が嫌い」と答えるなんて、実に残念な結果ですよね……。

でも、なぜ国は、こんなに子どもたちに嫌われるような勉強を12年間もさせるのか、一度よく考えてみてほしいのです。

そこにはやはり意味があります。

実際に、勉強を好きになった１〜２割の人たちは、「学ぶことの楽しさ・素晴らしさ」を感じています。

勉強することで、自分の可能性が大きく広がっていくことを実感しているのです。

ただ、残りの８割が勉強の素晴らしさを感じられないのは、子どもたちの責任というより、教える側の問題です。

授業が面白いとか、憧れの先生がいるとか、自分が成長している実感を感じられたら、どんな子だって自分から勉強するようになるでしょう。

教える側が、子どもたちの力を引き出せていないのが問題なのです。僕たちのような塾も同じです。教育産業として、学ぶ楽しさを子どもたちに伝えられていません。

そういう意味でも、僕は普段から坪田塾のテーマは「打倒パチンコだ!」という話を社員たちにしています。

それはどういうことか。市場規模で考えてみましょう。

教育産業の市場規模は、9000億円から1兆円程度です。

つまり、1年で塾や習いごとにかける総額が日本全体で1兆円程度ということです。

それに対して、パチンコ産業の市場規模がいくらになるか、知っていますか?

なんと20兆円ですよ!(※注「レジャー白書2020(日本生産性本部)」による)

これは他のギャンブルを含めない、パチンコ単体の話です。

教育産業が1兆円に対して、パチンコ業界が20兆円……。

たとえば日本を一つの家庭として考えてみたら、教育には年間10万円かけているのに、パチンコには毎年200万円もかけていることになります。

繰り返しますが、これはパチンコ単体の話です。他のギャンブルを合わせたら、さらに数字は上がります。

このままでは斜陽国家になるのも仕方がないという気もしますが、それにしても、なぜ日本人は、教育にお金をかけないのでしょうか？　なぜ、パチンコにお金をかけてしまうのでしょうか？（パチンコが悪いと言っているのではありません。比較して、教育にかけるお金が少なすぎる、ということです）

それも、先ほどの答えと同じです。

はっきり言って、教師や指導者の指導技術が未熟だからです。勉強の楽しさを引き出せていないから、ほとんどの人が「勉強はつまらない」と思い込んでしまっているのです。

12年間、毎日のように教室に「軟禁」されて面白くもない授業を受け、さらに宿題も出て、そのうえ塾に行かされて、勉強し続けなければいけない。そんな状況では、勉強を「苦行」としか感じられないのも無理はありません。

学校も含めて、教育産業はパチンコ産業の20分の１の魅力しか出せていないということなのです。

ですから、これは僕たち指導者側の問題でもあります。

僕たち自身が、パチンコよりもお金を使いたいと思えるような存在になること。

これが、今の僕の目標の一つです。そうすることが、子どもたちの未来のためにもなり、社会のためにもなるはずなのですから。

第2章

「才能があるヤツ」ってどんな人？

「あの人は才能がある」とよく言うけれど

さて、第1章で僕は、

「できる↓　勉強する↓　やる気が出る↓　やりたいことが見つかる」

というベクトルを紹介しました。

目の前のことで結果を出せたら、やる気もどんどん出てくるという話です。

では、どういう人が結果を出せるのでしょうか？

この章では、「できる人ってどういう人なのか」を考えてみましょう。

前にも書きましたが、うまくいった人がいると、皆よくこう言いますよね。

「あの人には、もともと才能があった」

だけど、塾で子どもたちを教えるうち、僕にはこんな仮説が生まれました。

「勉強ができない子どもだって、その子に合ったやり方を試行錯誤しながら、自分のものにできれば、必ず学力は伸びるはずだ。才能なんて関係ないのではないか」

人間というのは、他の動物に比べ、脳の構造から見ても非常に優秀です。つまり、すべての人間が、本質的にもともと頭がいいと言われる可能性を持っているのです。

そして、塾でさまざまなタイプの子どもたちを個別指導するうち、最初の７年半でこの仮説は実証できる、と確信しました。

塾では、指導の記録をすべて緻密にとって、生徒個人個人の指導方法を科学的に分析しています。そのデータを検証した結果、どんな子であっても、その子に合った指導をすれば、成績は必ず伸びることがわかったのです。

そうしたら、その次にはこんなことを言われました。

「じゃ、先生が特殊だったんですね！」

つまり、僕が優秀な先生だから、生徒が伸びたのだろうと言われたのです。

皆、どうしても才能にこだわりたいのですね……。

そこで僕は、次の仮説を検証してみることにしました。

「先生が特別な才能を持っていなくても、その子に合ったやり方をきちんと考えて実践すれば、子どもの学力は伸ばせるはずだ」

そして、ほかの塾だったら絶対に採用しないと思われるような方や、かなり変わった経歴の方を10人ほど採用してみたのですが、結果的に言うと、その先生たちも生徒の力を格段に伸ばすことができるようになりました。


その次は、「塾の講師を育てている人が特別だから」と言われないように、講師を育てる教育係を育てることができるかどうかも確かめてみました。

そうしたら、それもクリアできました。

このように人を育てながら、検証を繰り返してきた僕の結論はこうです。

人の出来に、才能は関係ない。

あらゆるタイプの子どもたちを1300人以上、個別指導してきた僕に言わせれば、才能や遺伝が人の成功を左右することはありません。

地アタマが悪い子なんていない、ということです。

その反対に、親が優秀だから頭がいいはずだと言われてきた子どもでも、教育方法を間違えば、そして努力を続けなければ、力は伸びていきません。

そう、才能の問題ではなく、単にやり方の問題なのです。

人は「結果」でしか見てくれない

ところで、僕がビリギャルのさやかちゃんの話を出版したのは、２０１３年12月のことでしたが、実はその後、その妹さんも僕の塾で指導しています。

妹さんのほうは僕が直接指導したわけではなく、先ほど書いたように、ほかの塾だったら絶対に採用しないような、ちょっと変わり者の講師が指導したのですが、彼女も無事に念願の上智大学に合格することができました。

その後、姉妹のお母様から御礼のメールをいただきました。これまで周囲に子どもたちのことをさんざん「バカ」などと批判されてきたけれど、先生だけは「絶対大丈夫だ」と言ってくださった……というような熱いメールでした。

その返信を書いているうち、僕は「確かにあの姉妹のスタートはすさまじかった。どうしてここまで変わったんだろう」と、さやかちゃんとの出会いから振り返っていたら、だんだん熱くなってきて1万字を超える超大作の手紙になってしまいました。それが、ビリギャル本の元です。

そのメールを読んださやかちゃんが「世の中の親御さんはこれをもっと読むべきだと思う！」と強く勧めてくれたこともあって、さやかちゃんのお母様にも書籍化の了承をいただいたのです。


そして本を出版すると、おかげさまでミリオンセラーになり、映画も大ヒットしたのですが、その後で僕はある知り合いの方からこう言われたことがあります。

「坪田さんって、もともと文才があったしね」

でも、僕はそれまで本もエッセイも書いたことがありません。

そこで、「なぜ、僕に文才があると思ってくださったのですか？」と聞くと、「いや、メールからにじみ出ていたよ」と仰います。

そこで、その方に送った僕のメールをすべて読み返してみたのですが、「お世話になります」「ありがとうございました」「よろしくお願いします」みたいな、いかにもビジネスメールのテンプレート文しか送っていないのです。

こんな定型的なメールしか送ってないのに、文才なんてわかるわけがありません。

その方はきっと「本が売れた」という結果を見て、僕には文才があると思われたのでしょう。

同じようなことは、さやかちゃんに対してもさんざん言われました。「あの子は勉強していなかっただけで、もともと地アタマがよかったんでしょう」って。

そういう人に、僕はこう言います。

「はい、その通りです！　めちゃくちゃ地アタマがよかったし、会った瞬間から、虹色のオーラが輝いて見えましたよ」

すると、皆さん「やっぱり、そうですよね」と納得するので、僕はこう返します。

「いや、あなたのお子さんもそうですからね。僕にはそう見えますよ」

すると、多くの親御さんが決まってこんなふうに言うのです。

「いやいやいや、そんなわけないじゃないですか！　この子がもし地アタマがよかったら、こんな成績を取ってないですから」

さやかちゃんは学年ビリだったうえに、無期停学をくらって、校長先生には「人間のクズ」と言われたような生徒だったんですけどね。

僕は不思議です。

なぜこの人たちは、さやかちゃんに会ったこともないのに、あの子だけは特別だった、地アタマがよかったと言うのでしょうか。

以前、定食屋さんでご飯を食べているときもそうでした。

その日はフィギュアスケート選手の羽生結弦さんが金メダルをとった日で、お店のテレビでニュースを見ながら、隣のテーブルで年配の女性２人がこう話しています。

「いやあ、この子、ほんとセンスがあるわよね」

「やっぱ才能が違うわね」

それを聞いていて、僕は不思議でたまりませんでした。

伊藤みどりさんとか、荒川静香さんが言っているなら、まだわかります。でも、明らかにこの人たちはフィギュアスケートの選手でも、指導者でもありません（もちろんその人たちの過去は知りませんが、話しぶりからそう推察できます）。

それなのに、なぜこの人たちは羽生結弦さんの才能について、これほどの確信を持って言えるのでしょう。

それはきっと、彼らが「結果を出したから」でしょう。

どんな人であっても、結果が出たら「地アタマがいい」「才能がある」と言われ、結果が出なければ「もともと才能がなかった」と言われるのです。

つまり、人は結果でしか判断しないのです。

さやかちゃんは学年ビリからスタートして、慶應義塾大学と明治大学と関西学院大学に受かりましたが、多くの人は、その過程がどうだったかよりも、「慶應と明治と関学に合格した」という結果しか見ないのです。

そして結果だけを見て、この人は頭がいい、才能があるなどと言うのです。

人間の記憶は「納得のいく形」へ改ざんされていく

つまり、人は結果に合わせて過去の解釈もすべて変えてしまう、ということです。

一つ、わかりやすい例があります。

たとえば、日本人の研究者がノーベル賞をとると、メディアで大きく取り上げますよね。記者たちはこぞってその人の生まれ育った地元に行き、通っていた小学校を紹介し、恩師や友人、親戚など、当時を知る人たちにインタビューします。

「当時の○○さんは、どんな子どもでしたか?」

たとえば誰かがこう答えます。

「小さな頃から芯のしっかりした子どもでしたね。ほかの子とは群れずに、一匹狼のような感じでした」

「若い頃から自分で研究テーマを決めていましたよ。人から言われたことよりも、自分でこれと決めたものを突き詰めていくタイプでした」

では、この人が、それから2年後に痴漢をして捕まった、と仮定してみましょう。そんなことあるわけない？　いやいや、ノーベル賞受賞者が性犯罪をしないとは限りませんから、あり得ない話ではないですよ。

さて、痴漢で捕まったら、この人はいったい何と言われるでしょうか。

「友だちが1人もいない、孤独な人でした。ルールにもまったく従いませんでした」
「こうと決めたら、人に何と忠告されようとも一切耳を貸しませんでしたね。周りの人の気持ちなんて、どうでもいいと思っていたんじゃないですか」

これらの評価は、おおよそ同じところを見ていますよね。同じところを見ているのに、まったく正反対の評価になっています。

同じ性格で、同じ過去を持っているはずなのに、ノーベル賞受賞者と犯罪者という結果の違いだけで、ここまで見方が変わってしまうのです。

人はその結果に合わせて、「事実」を自分の信じたい「物語」に変えていくということです。人間の記憶というのは「自分が納得のいく形」へと、いつの間にか改ざんされていくのです。

過去の結果より「未来の自分がどうありたいか」

結局、世の中の人たちが言っている才能というのは、今の時点や、過去の時点での結果から見た判断にすぎません。

そして、その評価は、何かが起こればすぐに改ざんされてしまいます。

たとえば、今、成績がいいとか、先生からの評価が高いとか、クラスの人気者だとしても、何かアクシデントがあった瞬間にすべて変わってしまうでしょう。

その反対に、中学受験に失敗した、高校で授業についていけない、好きな女の子にふられて20連敗中だ……なんて人も、何かが起こった瞬間にすべてが変わります。

ビリギャルのさやかちゃんも、そうでした。

クラスメイトたちは、急に勉強をし始めて、しかも慶應大学に行くと言い出した彼女のことをこう話していました。「あいつバカだったけど、とうとうヤバくなったらしいよ」って。

それでも必死に勉強を続けていたのですが、最初のうちは成果が出なかったさやかちゃんには「ガリ勉バカ」というあだ名がつきました。完全にバカにされ、笑われていたのです。

さやかちゃんのお母さんも同じでした。子どもたちが中学生や高校生のときに問題を起こしていたために、周囲からさんざん批判されていました。

さやかちゃんはやんちゃなギャルでしたが、妹さんのほうはひきこもりだったそうです。ひきこもりといっても、学校に行けば友だちに囲まれる人気者だったのですが、どうしても学校とはそりが合わなくて、家に籠もっていたのです。言ってみれば「明るいひきこもり」です。

それでも、周りの人は「いったいどういう子育てをしているのか」「母親の教育が悪いから、子どもがこんなことになったのだ」などと罵っていたのです。

でも、今やそのお母さん自身が本を出版し、その本は10万部を超えるベストセラーになり、全国の講演会にも引っ張りだこです。

そして、それまでさんざんひどいこと言っていた人たちが、さやかちゃんや妹さんが結果を出した途端に賞賛し始めたのです。「ほかの人とはどこか違うと思っていた」と。

世の中の人の評価って意外にいい加減だし、簡単に手の平を返すということです。

よくもまあ、そんなにあっさり返せるなあ……と感心してしまうくらいに。

だからこそ、僕が君たちに一番言いたいのは、

今の自分とか、過去の自分は、どうでもいい。

それよりも「未来の自分がどうありたいか」が重要で、それがすべてだ！

ということです。

そしてそのために、今、何をやるかを考えようと言いたいのです。

過去よりも、未来のほうがずっと大事です。

そして、それらを変えていけるのは「今の自分」しかいないのです。

「結果を出す人」は「やり続ける人」

じゃあ、僕の考える「できる人」はどんな人かというと、答えは単純です。

やり続ける人です。

問題はやるかやらないかであって、実はできる人というのは、努力をし続けている人だと思っています。

今までに紹介させていただいた方も、皆そうです。52歳の元エンジニアの方も、ビリギャルのさやかちゃんも、その妹さんも、総長も、そして羽生結弦さんも、共通点はみんな努力をしているということ。

人に何と言われようと、コツコツと努力を積み重ね、結果を出した結果、「才能がある」と言われるようになったのです。

どんな人でも、何かを始めて継続していけば、やった分だけ成長していきます。さらに、経験した分だけ経験値も増えていきます。人は「やれば伸びる」のです。

反対に、どれだけ優秀な人であっても、継続して努力ができなければ、成績は伸びていきません。

たとえば、さやかちゃんの素晴らしいところは、「やる」と決めたら、それを『愚痴を言いながらでも』やり続けたことです。

さらに、さやかちゃんはどんなに間違えてもめげずに、「当たったらラッキー!」という感覚で、必ず何かを答えようとする姿勢がありました。その前向きさは特に素晴らしいものでした。

それでも、聖徳太子を「せいとく・たこ」と読んだときには、さすがの僕もビックリしましたけどね。

「この女の子、超かわいそうじゃね？　きっと超デブだったから、こんな名前付けられちゃったんだよ」という独創的な発想には、僕もつい大笑いしてしまいました。そして、「君の発想は天才的だ！」とポジティブに受け止めると、「そうでしょ、そうでしょ！」と、鼻をふくらませていっそう誇らしげになるのでした……。

走るか、走らないか。それが問題だ！

誰でも、やれば伸びます。何かを始めて、それを続けていけば、やった分だけ必ず伸びていきます。

これまで１３００人の子を一人ひとり指導してきた僕はそう断言します。

それに加えて、僕が声を大にして皆さんに伝えたいのは、

五教科の勉強は、実は簡単だ！

ということです。

これを言うとびっくりされるかもしれませんが、よく考えてみてください。

中学や高校で習う五教科では、すべての問題に答えがあります。答えがあるということは、必ず解法があります。その解法は、例題集などで学習しておけば、必ず解けるようになるのです。

ですから、勉強すれば必ず結果が出るということです。

むしろ大変になってくるのは大学以降です。ここから先は答えがありませんから、自分自身で模索していくしかありません。

でも、大学受験までは答えもはっきりしているし、問題集も解き方の本もたくさん出ているし、学校でも塾でも教えてくれます。大学受験まで才能は関係ないということです。受験指導の専門家の立場から言えば、受験は決して越えられない壁ではないのです。

勉強することは、マラソンで「42・195キロを走りきること」と似ています。

そこに才能は関係ありません。1秒でも速く走らなければいけないのなら、ある程度の才能は必要かもしれませんが、走りきることが目標なら、とにかく走ればいい。

一歩足を進めたら、一歩分ゴールに近づくのです。

ですから僕は、自分は勉強ができないと諦めている人は、「ゴールまで遠いから無理」と言って、スタート地点から一歩も前に進まない人と同じだと思っています。

要は、「走るか、走らないか」というだけの話。


さらに、五教科の勉強は簡単なだけではありません。

実は、めちゃくちゃ「美味しい」のです。なぜなら、コストパフォーマンスがいいからです。

これはどういうことでしょうか。

たとえば、東大を卒業した人は、頻繁に「東大卒」という部分を取り上げられると言います。「東大はすごい」信仰が強い日本では、もしかしたら一生「あの人はすごい」と言われる可能性もあるのです。

先日も、喫茶店で80代くらいのお年寄りたちがこんなふうに話していました。

「あの人って、東大卒らしいよ」「へぇ～、すごいわね！」

どうやら近所に越してきた中年男性のことを噂しているらしいのですが、これって、考えてみたらちょっとおかしな話ですよね。

本来は、「どこの学校に行ったか」よりも、その後「社会に出て何をしたか」のほうが重要なことのはずです。

そもそも、「東大卒」という言葉が意味するのは、「18歳とか19歳のときに、五教科の勉強ができました」ということぐらいです。解く方法がはっきりしていて、事前にトレーニングできる課題にクリアした人、ということしか伝えていないはずでしょう。

それなのに、40代か50代になったおじさんが、いまだに東大に出たことだけを評価されているのです。

それよりも、もしも「地元の商店街で30年間、美容院を経営しています」という人がいたら、それは東大に行くよりもずっと難しいはずです。

新規の美容院や理髪店、１０００円カットのお店などがどんどん出てくるなかで、ずっとリピートしてもらえるような店づくりを考えていかなくてはいけません。技術を研鑽し続けていく必要もありますし、お客様に喜んでもらえるようなサービスだって考え続けなくてはいけません。

地元で営業しているなら、私生活にも気をつけないといけないですよね。子どもが問題を起こして地域の人たちに嫌われでもしたら、お店なんてやっていけません。周囲の人付き合いにも注意が必要です。

さまざまな阻害要因が何十年間もあるなかで、それを一つひとつ乗り越えて美容院を経営し、家族や従業員の生計を立てているとしたら、すごいことです。

それは東大に行くことより難しいことのはずなのに、なぜか東大卒のほうがすごいと思われている。きっと、「社会に出て何をしたか」を吹っ飛ばすぐらい、「東大卒」はインパクトが強いということでしょう。

しかも、長く生きてきて、人生の酸いも甘いも吸い尽くしたはずのお年寄りたちの心をもっとも摑むのが「東大卒」なのです……。

「勉強で頑張るとコスパがいい」理由

でも、皆さんはなぜそこまで「東大卒」が過大評価されるのだと思いますか？

答えはシンプルです。

全員がその道をたどってきているからです。今、高校への進学率は98・8％（2018年度）。ほぼ全員が五教科の勉強をしてきていますから、東大に入学することのすごさは何となくわかるのです。

でも、30年間美容院の経営をしている人のすごさはわかりにくい。さらに、雑誌のデザインをしているデザイナーとかだと、なおさらわからない。業界のことも知らなければ、仕事の内容もピンと来ないでしょう。

でも、勉強のことについては、ほぼ全員がたどってきた道なので、「自分は高校生のときに全然勉強ができなかったから、東大に入るなんてすごいことだ」という実感が湧きやすいのです。

つまり、「学歴」というのは、すべての日本人がよく知っていて、しかも一生持ち続ける絶対的な尺度（ものさし）になる、ということです。そして、世の中の多くの人が、勉強面でいい結果を出した人は「才能がある人」だと思い込んでいるのです。

だからこそ、勉強はコスパがいいといえます。

だって、数年間努力して勉強面でよい結果を出したら、皆が「才能がある人」だと思い込んでくれるのです。一生有利なポイントをもらえるのですから、こんなに美味しい話はないでしょう。

そして、大学受験までは「頑張りどころ」がわかりやすいのも、コスパがいい理由の一つです。

定期テストや受験日の日程はあらかじめ決まっていますから、いつまでに勉強すればいいという目安がわかりやすいですよね。

中高生の段階で「できる人」といえば勉強ができる人を指すと思いますが、そういう人が普段どうしているかというと、試験日や受験の時期に備えて日程を考えながら、解法に沿って問題を解くという行為を繰り返しているだけです。

こんなにわかりやすいことはありませんよね。

社会に出たら、そうはいきません。突然、過酷な試練が降ってくることもあるし、毎日のように問題が起こることもあります。もしかしたら今、この瞬間に道を歩いているときに、重要人物とすれ違ってどうリアクションするかで人生が変わってしまうかもしれません。

「大事なとき」や「頑張りどころ」がいつ、どこでやってくるのか、誰も教えてくれないのです。

だからこそ、「中高生のときに努力しておいたら、明らかにコスパがいいよ」と僕は言いたいのです。

気づいた人にだけ大きなチャンスがやってくる

冷静に考えてみれば、勉強の出来が生まれつきの才能によって決まるというのなら、学歴で人を判断することを国は禁じるでしょうね。

本人がどんなに努力しても変えられないことで会社に採用されないとしたら、それは不公平ですから、日本国憲法の「法の下の平等」に反していることになります。

たとえば、背の高さや運動神経の良し悪しで人生が決まるとしたら、生まれた時点で差がついてしまうことが多いでしょう。身長が１８５センチか１６５センチかによって脚の長さも違いますから、こうしたものを尺度として競争させるのは、あまりにも不公平ですよね。

でも、学歴というものは、努力次第でどうにかできるもの。だから皆さん、それを受け入れましょう、というのが、この社会の前提なのです。

それなのに、多くの人が「自分が勉強できないのは、生まれつきの才能がないせいだ」などと思い込んで、努力すること自体を放棄しています。

ある意味で、これはチャンスです！

「勉強なんて才能の問題ではない」と気づき、自分を信じて一歩を踏み出した人にだけ、いい結果を出せるチャンスが訪れるのですから。

そういえば、僕は生徒と親御さんとの三者面談で、「東大を受けてみない？」などと言うことがあります。

すると、ほとんどの生徒が「無理ですよ」と答えるのですが、実はそれよりずっとネガティブな反応をするのは、たいてい親御さんのほうです。「そんなの、あり得ません！　ゼッタイ無理に決まっています」と、もう拒絶と言ってもいいくらいの反応の方さえいます。

だけど、そうした親御さんに聞いてみても、その方たちが実際に東大を受験したわけではありません。

東大を受験したこともなければ、東大の問題を解いたこともない親御さんが、なぜ「この子に東大受験は無理！」と断言できるのでしょうか。

東大受験については、知識も経験もゼロだというのに。

もちろん、僕だって無謀な挑戦を勧めているわけではありません。

これまでたくさんの子どもの指導をしてきて、東大に何人も合格させてきた経験を持ち、過去のデータも緻密に分析した結果として、そういう提案をしているのです。僕がそのように話すと、いったんは「確かにそうですね……」と引くのですが、「でも、やっぱり常識で考えたら無理です」となるパターンが少なくありません。

でも、その常識って何なのでしょう？

多くの人は「自分や子どもには特別な才能などない。だから、東大なんてゼッタイ無理に決まっている」という常識に縛られています。

でも、僕にとっては、「受験に才能は関係ない」が常識です。

だからこそ、まずは「自分にはゼッタイに無理」という思い込みを取り払うことが大事だと思っているのです。

日本の中高生はすでに高いハードルを越えている

ところで、僕の娘は今、インターナショナルスクールに通っているのですが、授業を見ていて、ひとつ衝撃を受けた出来事がありました。

それは、国語の授業についてです。

日本の小学生の場合、国語の授業は毎日あります。なぜかと言えば、やらなければいけないことが多いからです。平仮名でまず50音、片仮名で50音あります。

それに加えて、漢字があります。小学校の6年間で漢字をどれくらい習うかというと、1026字（2020年度）です。漢字の場合は、音読みと訓読み、さらに熟語を覚えなければいけませんから、パターンとしては1万を超えるでしょう。

それを6年間でやらなければいけないのですから、毎日、漢字の宿題が出るのは当たり前。さらに夏休みには、毎日ノート1ページ分、漢字の宿題が出たりします。それでも漢字が苦手、という子はたくさんいます。

それが英語の場合（インターナショナルスクールで「国語」と言えば英語に当たります）、大文字と小文字がそれぞれ26文字しかありませんから、全部で52文字を覚えれば終わりなのです。

だから、インターナショナルスクールでは英語の授業もそれほど多くないし、新入生でも2週間もあれば覚えてしまう子が多いようです。もちろん知らない単語はあるかもしれませんが、特殊なケースを除けば、文字を読めないということはほとんどないでしょう。

これが僕にはちょっとした驚きでした。

日本語の場合、子ども時代にさんざん漢字を習っても、大人になってから書けない漢字がたくさんありますよね。読み方が難解で、クイズになることすらあります。

英語に比べて、日本語は習得するまでにかなりの時間がかかるということです。言葉は悪いですが、日本語は非効率な言語と言ってもいいかもしれません。

そういえば、僕は高校3年のときにニュージーランドに留学したのですが、その際、現地の高校ではテストの点数がとりやすいように日本語の授業をとっていました。

それでも、日本語のテストで100点はなかなかとれないのです。漢字の「はね」や「とめ」が十分ではないと減点されるからです。

ちなみに、ニュージーランド人の親友は、たまたま小学校から第2外国語で日本語の授業をとっていたのですが、大学に行ったら絶対に日本語の授業はとらない、フランス語に変えると宣言していました。

なぜかと聞く僕に、彼はこう答えました。

「フランス語はとりあえず読めるけど、日本語には読めない字が多すぎる。小学校からずっとやっているのに、いつになったら読めるようになるんだ。こんなの、やっていられるか」

その通りだ、と僕は共感しました。

誰だって漢字を覚えるのは面倒だし、単調な反復をひたすらやらされるのは苦痛でしかありません。そもそも日本語は、学問としてのハードルがものすごく高いのです。


だからこそ、僕は日本の中高生たちに、こう言いたいのです。

「そもそも、君たちはこれまで相当頑張ってきたんだよ」と。

日本の子どもは42・195キロを走るのに、いわば余計な「おもり」を背負わされているようなものです。52文字に対して1万字ですから、もしかしたら、アメリカ人の２００倍ぐらい背負わされているかもしれません。

そういう高いハードルを越えてきて、少なくとも今、漢字が読めたり書けたりしている時点で、すでに相当、努力しているということです。

そのうえでさらに僕が言いたいのは、**高いハードルを越えてここまで来たのだから、ここを乗り越えれば、学ぶことはもっと楽しくなるし、もっとラクになる**ということです。

今の時点では、勉強なんてもうこりごりだ、やりたくないと思っているかもしれません。その気持ちもよくわかりますが、せっかくここまで努力してきたのです。

ここからやっと味のある美味しいものが食べられるというのに、これ以上、一歩も進まないのは、非常にもったいないことです。

たとえてみれば、それはレストランでハンバーグ定食を頼んでニンジンとブロッコリーとライスを食べ終えたところで、「この店、あんまり美味しくなかったな」と思っている状態です。

まだ、ハンバーグが残っているのに！　一番美味しいハンバーグが……。それを食べずにレストランを批評してどうする、ということなのです。

正しい方向に努力する方法

さて、ここまで僕は、まずは「やり続けること」が大事だという話をしてきました。「やるか、やらないか」が問題だということです。

ただし、何でもやみくもにやればいいというわけではありません。

多くの中高生がやりがちなのが、今から努力を始めます、勉強をしますと言って、いきなり方向も決めずに走り始めてしまうことです。

たとえばゴルフを始めるとき、自己流でやり続けて間違った体の動きを体に定着させてしまうと、後から正しいスイングに直そうとしても、なかなか直りません。

勉強も同じです。間違った方向へ向かう努力をしていても、成果は上がりません。それどころか、「これだけ努力しているのに全然ダメということは、やっぱり自分には才能がないのだ……」と自信を失ってしまう危険があります。

ですから、正しい方向に向かって、十分な努力をすることが大切です。

では、正しい方向へ努力するためには、どうしたらいいのでしょうか？

僕がお勧めしたいのは、**①師匠を探す　②完コピする**　の２つです。

①師匠を探す

１つ目は、自分の師になる人を探すことです。

僕は、教育の本質は憧れだと思っています。

「こんな大人になりたい」「こんな仕事をしてみたい」「こんなふうに生きてみたい」……そんなふうに思うことが、子どもの意欲をぐっと伸ばすのです。

ですから、教育者や指導者にとってもっとも大切なのは、子どもが憧れる存在になることです。子どもに何かを教えるノウハウや指導方法も大事ですが、「こんな人になりたい」と思える大人がたくさん出てきたら、世の中の子どもはもっと素直に学ぶようになるのではないかと思っています。

そして、僕が子どもたちに師匠としてお勧めしたいのは、基本的に前向きな人です。子どもの欠点を指摘する人ではなく、よい面に注目して支えてくれる人です。

そしてもちろん、指導実績のある人がベストです。

その人自身がどんなに素晴らしくても、人を導けなければ、師匠としては意味がありません。

そういう師匠を、ぜひ1年や2年、いや3年かけてでも探してみてください。

②完コピする

2番目は「完コピ」です。

つまり、師匠となる人や、うまくいっている人を徹底的に真似すること。

成功した人を真似るのは学習の基本です。その際は、その人の言葉や考え方を真似するのではなく、「行動」を真似してください。

できる人の生活習慣や行動を徹底的に把握して、そのまま真似するのです。

なぜなら、成功した人が「こうしたらいいよ」と言ってくれる言葉通りにやってみても、うまくできないことが多いからです。成功した人にとってはできるのが当たり前ですから、ほかの人がなぜできないのかがわからないこともあります。すると、うまく説明できないし、言われているほうもピンときません。

また、誰かの「思考」を真似しようとしても、不可能ですよね。完全にコピーできるのは「行動」だけなのです。

勉強であれば、勉強のできる人に、普段どうやって勉強しているかを実際に見せてもらうのがいいでしょう。

何時から何時まで、どこで勉強するのか。何から手をつけるのか。どのくらいのペースで問題を解くのか。どれくらいの割合で休憩をとるのか。教師にどんな質問をするのか。ノートはどうとっているのか。参考書は何を、どんなふうに使っているか。

仕事であれば、成績のいい人についていって、どのようにお客様と向き合っているか、どんなメモをとっているかなどを見せてもらうといいでしょう。

一番いいのは、相手にお願いして一緒に行動させてもらい、その行動を動画で撮影することです。そして動画を見ながら、その人のどこに「うまくいくポイント」があるかを見つけるのです。

なかには、わざわざ動画などとらなくても、メモをとったらいいと思う方もいるかもしれません。でも、動画撮影にはメモにはない大きなメリットがあります。

それは、こちら側の主観（ものの見方や感じ方）が入らないということです。

メモをとると、どうしても自分が見たいところだけを見て、いらないと思う部分はメモしません。すると、実は大事なカギになる行動をとりこぼす可能性があります。

でも動画を撮っていれば、自分の意思ではないところまで撮っています。後で映像を見ながら、じっくり分析することができるのです。

あとは、その行動を完全にコピーしてみるだけです。

とはいえ、誰かにお願いして動画を撮らせてもらい、その行動を徹底的に真似るなんて恥ずかしい、と思う人もいるかもしれません。

しかし、それが成功の一番の近道なのです。一人で模索しながらやっていたら、何年かかってもできないことが、短い期間で身につきます。

そうはいっても、できる人の真似なんて自分には無理だろうとか、自分にはそんな能力がないから意味がないと言う人もいます。自分なりのやり方やオリジナリティを出さなければ、自分の人生とは言えないのではないか、と言う人もいます。

でも、そもそも人間は一人ひとりまったく違います。

体格や顔、性格、考え方や話し方、育った家庭、今まで受けてきた教育など、それぞれに違います。ですから、どんなにコピーしようとしても必ずズレは出てきます。つまり、どんなに誰かの真似をしようとしても、無意識のうちに「君らしさ」は出てくるのです。

それに、基礎がない段階で、自分らしさやオリジナリティにこだわっていても、なかなか成果は上がりません。先ほどのゴルフの話と同じです。間違ったスイングをしていると、練習すればするほど悪いクセが固まってしまいます。

今はまずできる人の行動を完コピして、能力を磨くための基礎をつくるべきです。

そうするうちに、自分自身のオリジナリティも必然的に練り上げられていきます。

そのうえで出てきた部分こそ、君の「個性」なのです。

やらなきゃいけないことはわかっているのに、やる気が出ないと悩んでいる人も、人の真似だったら、それほど難しくはないでしょう。

一流の人がやっている行動を知り、その完コピをする。まずそれをお勧めします。

「不可能はない」を実証した武井壮さん

ところで、芸能界でも、完コピをして成功した人がいます。

「百獣の王」というあだ名を持つ武井壮《たけいそう》さんです。

武井さんはタレントとして活躍していますが、もともとはさまざまなスポーツのトップアスリートでした。

特に陸上の「十種競技」では、大学2年生から始めてわずか2年半で日本チャンピオンになっています。十種競技というのは、１００メートル走や走幅跳び、１５００

メートル走、砲丸投げなどの10種目を行って合計得点を競う競技ですが、武井さんは独自に確立した「トレーニング理論」を使い、トップアスリートとしての成功を収めたのです。

さらに彼はその理論で、多くのアスリートを指導してきた実績も持っています。

そんな武井さんは、30歳を過ぎてから、アスリートやコーチ以外に、タレントも目指したいと思うようになったそうです。

でも、芸能界にはコネもありません。そんな彼がしたのが、完コピでした。

武井さんは、まず芸能人や芸能関係者がよく集まるという西麻布のバーに毎日通いました。そのオシャレなバーのカウンターで、タンクトップを着て牛乳を飲みながら、口や歯を鍛えるため、犬用の骨型ガムを噛んでいたそうです。

すると、いつもタンクトップ姿で牛乳を飲んで、骨を噛んでいる変な奴がいる、と話題になります。たくさんの人が武井さんに興味を持ち、話しかけてきたそうです。

なかには当然、芸能関係者もいました。

すると、武井さんはただ彼らと話をするだけではなく、たとえば、とんねるずの石《いし》橋貴明《ばしたかあき》さんなど芸能界で活躍している人たちとの会話をすべて録音しておき、家に帰ってから、それを聞きながらコピーしていたそうです。

しゃべりの「間《ま》」や言葉の選び方、笑い方、声のトーン、返答の仕方など、相手のすべてをそのまま真似して、「面白く話すポイント」を緻密に分析したのです。

結果的に、武井さんはこのバーでの出会いがきっかけでテレビ番組に出演することになり、そのままタレントとしてブレイクすることになりました。

また、彼は大怪我をしたときも、びっくりするような方法で完治させています。

それは、骨の図鑑の完コピです。

武井さんは、十種競技の選手として活躍していたとき、骨折をして病院に担ぎ込まれました。医師からは半身不随になる可能性があると告げられ、「一生歩けない。車いすの生活になるだろう」と宣告されたそうです。

もはやアスリート生命の危機です。それまで努力して頑張ってきた人が、そんな絶望的な状況になったら、心が折れてもおかしくないですよね。

でも、そんなときにも、武井さんはめげませんでした。

彼が何をしたかというと、医学書を買い込み、自分の部屋に籠もったのです。

武井さんはそれまでに自分がもっとも成果を上げやすい温度や湿度を記録し続けていたため、部屋をその状況に保ち、医学書を開いて骨の図鑑を凝視し始めたそうです。

そして、集中して図鑑を見ながら、骨と神経の正しい構造や動きをイメージし続けました。

すると、１か月後。体が思ったように動くようになり、病院でレントゲンを撮ってみたら、治らないと言われていた骨が元に戻っていたそうです。

ちょっと信じられない話ですよね。

当時の医師たちも驚愕していたそうですが、大学病院にはその記録もしっかり残っていて学会でも発表されたそうです。

なぜ、武井さんがそんなことをしようと思ったか聞くと、彼はこう答えました。

「ストレスで胃に穴があいたりするくらいだから、その逆も絶対にいけるはずだと思って」

いろいろなストレスを抱え込んだことで胃に穴があくということは、脳からの指令によって、体自身が細胞を攻撃するということです。

それなら、その逆もあり得るはずだと考えたのです。骨の正しい形状を見て、それを脳内で強くイメージし続けたら、絶対に正しい形状に戻るはずだ、と。

その後、武井さんは完全復活し、なんとその翌年に十種競技のチャンピオンになる夢を叶えたのです。

「百獣の王」というキャッチフレーズからは意外に思えるかもしれませんが、武井さんという人は努力家なうえに、非常に論理的な人物です。

しかし、彼の一番素晴らしいところは、どんなことでも不可能と決めつけず、あらゆる可能性を考え、自分を信じて実行し続ける点です。

30歳過ぎの人がいきなりタレントになるのも、「もう歩けない」と医師から宣告された人がアスリートとして復活するのも、どちらも一般的に考えれば「不可能」と思えることのはずです。

でも彼はあきらめず、さまざまな戦略を考えて実際にやってみたのです。

それがほかの人からは「バカバカしい」と思われるような方法であっても、自分を信じてやり続けた。そうやって、自分で自分の可能性を大きく広げていったのです。

「できない理由」ではなく「やれる理由」を

このように、何かをやり遂げるときの最大の障害は、「自分には無理に決まっている」という自分自身の思い込みです。

やり続ければ伸びていく可能性があるのに、自分には才能がないと決めつけて自分でストップをかけてしまう人は少なくありません。

そんな人に、自分の思い込みを取り払って物事をやり続けるコツをお伝えしたいと思います。

それは、いつも「Ｈｏｗ型思考」でいることです。


Ｈｏｗ型思考とは、課題や問題に直面したときに「どうしたらできるか」を考える

思考法です。

一方、「なぜできなかったのか」を考える「Ｗｈｙ型思考」があります。

たとえば、数学のテストで悪い点数をとったとしましょう。

そのとき、「なぜ、私はこんな点数をとってしまったのだろう?」と理由を考えるのがＷｈｙ型の考え方です。

でも、そうやってできなかった理由を考え始めると、「そもそも自分はまったく理解できていなかった」「やはり数学の才能がないということか」など、できなかった言い訳ばかり出てきてしまいます。

そして、できなかった言い訳がいくつも思いつくと、それはいつの間にか「やはり自分には無理だったのだ」「頭のいい人とは違う」というように、「自分がやらなくていい理由」にすり替わってしまいます。

自分ができない理由をいくつも見つけたら、自分ができないのは当たり前だと思っても不思議はありませんよね。だから、Ｗｈｙ型思考は危険なのです。

それよりも、「この失敗を、次にどういかせるだろうか?」というＨｏｗ型思考で考えることが大切です。

ほとんど歯が立たなかったテストを、次にどういかせばいいのか。そこできちんと見返して、自分の弱点を把握することを習慣化していけば、学力はどんどんアップしていきます。

つまり、**「自分ができない理由」ではなく、「自分がやれる理由」を探し出すほうがいい**ということです。

もちろん、Ｗｈｙ（なぜ）を考えることも大切です。

たとえば、なぜ勉強しなければいけないのかとか、どうして友だちと仲良くしなければいけないのか、なぜ生きなければいけないのか……など、10代はさまざまな疑問が浮かびがちな時期でもあります。

だから、Ｗｈｙを考えてしまうのは仕方がないでしょう。

ただ、この時期のＷｈｙは、答えが出ず、頭のなかでグルグルと考えすぎてしまう傾向があります。

はっきり言って、そんなことを延々と考えている時間があったら、勉強や筋トレや親の手伝いでもしたほうがいいと僕は思っています。

ですから、考えてしまうのは仕方がないけれど、もしも考えてしまうなら、メモをとっておくことをお勧めします。そのときのテーマと考えたこと、その際に出てきた一応の結論をノートに書いておくのです。日記でもいいでしょう。

なぜなら、数日後や数か月後に同じような問いを繰り返す可能性が高いからです。また同じ疑問が出てきたときに、過去のノートを見れば、「やっぱりそうだよね」と納得するはずです。いくらグルグル考え続けても、結局ここに落ち着くのだ、と。

中高生というのは、世の中のことを少しずつ知り始めて、いろいろな疑問が浮かびやすい時期です。ただ、ほとんどの場合、それは今自分がやっていることから逃げたいために考えてしまうことだと思います。

だから、僕はいつも塾の生徒にこう話しています。

「なんで悩んじゃうか、わかる？　暇だからだよ」って。

今、生きるのに必死な人は、「なぜ生きるのか」なんて考えている暇はありません。

そして僕に言わせれば、「なぜ？」を考えて意味があるのは、結果を出してからです。

だって、まだ何もわかっていないのですから。社会に出て働いたことがないのに、人生って何のためにあるのだろう、自分は何のために生きているのだろうと考えても、わからないはずです。

言ってみれば、これは童貞の人がセックスについて悩んでいる、みたいな話です。

親御さんや先生は眉をひそめるかもしれませんが、中高生の読者に向けて、あえてこのたとえを使わせていただきます。

童貞の男の子が「なぜ人は性行為をするのか」なんていう哲学的疑問を持って、「生殖行動だから」だの、「男女の親密度を高めるためのもの」だの、いろいろ考えみても、「いや、おまえ、やったことないだろ！」の一言で終わりです。

これほど説得力のない話はないですよね。

そして、頭のなかでいろいろ考えてみたところで、あなたがその経験をした瞬間、どうでもよくなりますよ、絶対に！（笑）

結局、Ｗｈｙを延々と考え続けるより、Ｈｏｗを考えて実行し、よりよい方向へ改善していったほうがいいよ、という話なのです。

それに、いつまでもＷｈｙを考え続けていると、「できない自分」を自分でつくりあげてしまうこともありますから、気をつけてくださいね。

第3章

「自分」を知ると可能性が開けてくる

「自分」って本当はどんな人？

第1章と2章で僕は、固定概念に縛られないこと、短期的な視点で物事を捉えないことが大事だと書きました。

また、そうやって結果を出した人たちを紹介してきました。

実は、その人たちに共通することがもう一つ、あります。

それは、「しっかり自分と向き合ったこと」です。

52歳で医学部に合格した男性も、僕の妹も総長も、皆、自分自身を見つめ直したことで可能性を大きく広げていきました。「自分はパソコンが好きだから、エンジニアの仕事が合っているはず」「医学部受験なんてあり得ない」「自分には無理に決まっている」といった思い込みと向き合ったのです。

そして、できない言い訳を考えて逃げだしたり、自分の人生を何かのせいにしたりするのではなく、しっかり自分を見つめて一歩を踏みだしました。

どんな人でも、自分の持つ可能性を大きく伸ばして成果を出すために、まずは自分というものを知る必要があります。

でも、自分のことって、よくわかっているようで、本当によく理解するのは実は結構難しいことです。

「自分」って、本当はどんな人なのでしょうか。

この章では、「自分」との向き合い方について考えてみましょう。

中学生など思春期になると、「自分は何者なのか。何のために生きているのだろう」などと考え込んでしまう人もいるかもしれません。

こうした悩みのことを「アイデンティティ・クライシス」と言いますが、アイデンティティというのは、日本語で言うと「自己同一性」。他の人とは違う、自分だけが持っている特性という意味です。

よく「あなたのアイデンティティとは何ですか？」などという質問をされますが、そういうとき、多くの人は「自分が好きなもの」や「所属先」を答えがちですね。

たとえば、「私はサッカーのＦＣ東京が好きな男です」とか、「△△中学の２年生です」などです。

でも、ＦＣ東京が好きな男性は全員、あなたではありませんよね。△△中学の２年生も、全員あなたではありません。

ですから、それらはアイデンティティとは言えないのです。

では、アイデンティティとは、どんなものでしょうか。

ある本のなかに、その答えのヒントになるかもしれないものがありました。

それはデンマークの哲学者、キルケゴール（１８１３～１８５５年）が書いた『死にいたる病』という本です。キルケゴールは有名な哲学者ですが、この本の冒頭にこんなフレーズがあります。

「自己とは何であるか？　自己とは、ひとつの関係、その関係それ自身に関係する関係である。あるいは、その関係において、その関係がそれ自身に関係するということ、そのことである」（『死にいたる病』ちくま学芸文庫より）

うーん、何を言っているのか、さっぱりわかりませんね！

この一文に続く文脈から大まかにまとめてみると、自分という人間はほかの人との関係性によって変わってくるということです。でも、キルケゴールがなぜこんな考えに至ったのかを知ると、少しは理解しやすくなります。

当時、キルケゴールには熱愛していた婚約者がいました。

二人は結婚するつもりでいましたが、結婚する前に婚約破棄してしまいます。この二人が別れることになった真相は謎とされていますが、そのことでキルケゴールは絶望を感じ、自殺しようとします。

でも、そこで彼はふと「自分はなぜ死のうとしているのだろう」と考えるのです。

そして、自分にとっては婚約者との関係性がすべてだったと気づきます。それが失われたことによって自己というものが揺らぎ、希望を失った。人は希望を失ったときに絶望し、その絶望が人を死に至らしめるのだ、という結論に至ります。

でも、人と人が関係性を築く以上、関係性というのはいつか必ず失われます。

けんか別れしたり、疎遠になったりする可能性もありますし、最後は必ず死に別れますよね。その関係性が強ければ強いほど、それが切れた瞬間に自分というものがなくなり、絶望して死に至るとキルケゴールは考えたのです。

そこで彼は、その関係性が絶対に切れない存在と関係性を築くべきであると考え、キリスト教に傾倒していきます。イエス・キリストは死なないし、常に自分たちのことを愛してくれる。神との関係性はずっと変わらないだろうと考えたのです。

面白い考え方だと思いますが、確かに僕自身、自分が傷付いたときを振り返ってみると、友だちとけんかをしたり、誰かに裏切られたと感じたり、人から嫌なことを言われたときです。

社会的動物である人間は、他の人間との関係性のなかでこそ悩みが生じるのです。つまり、アイデンティティというのは、その人一人で成り立つものではなく、人と人との関係性のなかで生まれるものだということです。

それを理解したうえで、僕の場合は宗教に傾倒するのではなく、いろいろな人との関係性をきちんと築いていくことが、自分自身を救う一つのセーフティネットになると考えました。

まずは、目の前の一人を感動させる

こうした考えは、親やきょうだい、友だちなど、ごく身近な人との関わりをよくするためにも役に立ちます。

たとえば、父親の態度にムカついて、つい「うぜえんだよ！」と反発してしまうという塾の生徒に、僕はこんな話をしたことがあります。

そんなとき、たいてい子どものほうは「お父さんの態度がおかしい」、お父さんのほうは「子どもの態度が悪い」と考え、互いに「相手に変わってほしい」と考えています。でも、二者間の関係性だけで捉えていたら、お互いに譲らないまま、ますますねじれていくだけです。

そんなときは、こんなふうに考えてみてください。

君には学校や部活や塾などのさまざまな関係性がある。同じように、お父さんには、お父さんの関係性があります。もしかしたら、そのなかにはパワハラをする上司がいるかもしれないし、職場の悪い人間関係があるかもしれません。その関係性が悪いために、お父さんの情緒が不安定になっていて、家族への当たりが強くなっている可能性もあるのです。

ですから、ただ相手のせいにして「相手に変わってほしい」と考えていても、物事はよくなりません。まずはあなた自身が目の前の人、この場合はお父さんとの関係性をきちんと築いていくことが大切なのです。

つまり、君という人間のアイデンティティは、君の周りの人との関係性、さらにその先の人との関係性、もっと先の人との関係性によって大きく左右されるということです。**まさに網の目のように延々と続いていくネットワーク全体が、あなた自身のアイデンティティである、**とも言えるのです。

そういえば、こんな経験をしたことはありませんか?

同じクラスの友だちが、まったく縁がないと思っていた自分の他の友だちと知り合いだった……というような経験です。

スタンレー・ミルグラムというアメリカの社会心理学者によれば、「友だちの友だち」「友だちの友だちの友だち」という関係をたどり、６人を数珠《じゅず》つなぎしていけば、実は世界中の人がつながるのだといいます。

これは「**６次の隔たり**」という仮説です。

たとえば１人に友人が44人いると仮定します。その44人にもそれぞれ44人の友人がいるとすると、44×44＝１９３６人で、友だちの友だちは１９３６人になります。

さらにその友だちとなると、１９３６×44で８５１８４人。

さらにその友だちとなると、８５１８４×44で３７４８０９６人。

さらにその友だちは、３７４８０９６×44で１６４９１６２２４人。

さらにその友だちは、１６４９１６２２４×44で、７２５６３１３８５６人。

つまり、６人を数珠つなぎしていけば、72億人もの人がつながるということです。

以前、漫才師のダウンタウンさんの『水曜日のダウンタウン』という番組で、この仮説を使い、「数珠つなぎしていったら、6人で誰の電話番号にでもたどり着ける説」が検証されたことがあります。

町なかの一般人に「松本人志《まつもとひとし》さんの電話番号を知っていますか？　知らない場合は、それを知っていそうな人を紹介してください」と声をかけていき、いったい何人で松本人志さんの電話番号を知る人にたどり着くかを検証したのです。

すると、3人目でスタイリストだという男性につながり、その人が松本さんのマネージャーさんの連絡先を知っていました。つまり、4人目であっさり松本さん本人につながったのです。さらに2回、同じように調査をしてみたのですが、その2回とも、たった4人で松本さんにつながりました。

そこで、番組での結論は「松本人志はチョロい！」でした。

いや、実際には松本さんがチョロいのではなく、人と人とのネットワークというのは予想以上につながりがあって、世界は思っている以上に狭いということです。

ですから、目の前の一人にいい加減なことを言ったり、騙《だま》したりした瞬間に、それは一気に広まるということ。同じ地域どころか、同じ都道府県の人にまで悪評はどんどん広まってしまいます。

逆に言えば、目の前の一人を感動させれば、その評判はどんどん伝わっていきます。

感動というのは、基本的に相手の「期待値を超える」ことです。誰かが期待したことに対して、その期待値を超えることをやると、人は感動します。

感動すると、人はそれを伝えたくなるのです。

すると、友だちの友だちの友だち程度には、あなたの評判はすぐ伝わります。

社会人であれば、それがビジネスにつながることもあるかもしれません。

そして、そのネットワークをどんどん広げていくことによって、あなたが人からどういう評価を受けているかが見えてきます。一人で閉じこもっていれば、人からどう思われているかはわかりませんが、人と接すれば接するほど見えてきます。

それによって、自分という人間にはどんな傾向があり、どんな人に好かれ、どういうことが得意なのかも見つかるようになるのです。

皆が見ているのは「自分が思っている自分」なのか

もちろん、他人の評価がすべてというわけではありません。

でも、「自分が思っている自分」だけではなく、「皆が見ている自分」を考えてみることは、自分を知る第一歩につながっていきます。

なぜなら、「皆が見ている自分」と「自分が思っている自分」の間にはズレがあるからです。「自分が思っている自分」だけを考えていると、「皆が見ている自分」から、どんどん離れていく可能性があります。

たとえば、自分で自分は明るい性格だと思っていたとしても、周囲の人にとっては他にもそれぞれ友だちや知り合いがいるわけですから、そのなかで比べてみたら、「そんなに明るいほうではないよね」という判断になるかもしれません。クラスのなかにそう思う人が30人いるとしたら、ちょっとシビアな言い方になりますが、「君は本当に明るいと言えるのか？」ということになります。

では、「皆が見ている自分」は、どうやって知ることができるのでしょうか？

いろいろな方法がありますが、僕がお勧めする方法は以下の３つです。

①メタ認知
②20答法
③ジョハリの窓

まず、もっとも大事なものは「メタ認知」です。

メタ認知の「メタ」というのは「一階層上の」という意味です。ですから、メタ認知とは、「自分が今、どのような『認知』をしているかを、認知する」ということ。難しいですね。

たとえば今、椅子に座っているとすると、ももの裏側は椅子に接していて、そこに体重が乗っている状態ですよね。そう言われたら、「確かに体重が乗っているな」と認知できるでしょう。でも、言われる前はどうでしたか？

同じ状態だったはずなのに、「自分のものの裏側に体重が乗っている」なんて認知していませんよね。つまり僕たちは、普段、自分に起きている状況を正しく認知していないということです。

自分に起きている状況を正しく認知するというのは、自分を客観的に見るということです。でも、自分を客観的に見るのってすごく難しいですよね。いくら頭で考えても、それはあくまで主観です。

ですから、メタ認知の話をするとき、僕はよくこんな言い方をします。

「自分の後ろ斜め上にあるカメラが自分の姿を映していて、その姿が映っているモニターを見ている状態を想像してみよう」

たとえば今、自分は勉強部屋の椅子に座りながら、スマホを見て何かぶつぶつ言っているな……そういう実況中継が、メタ認知の第一歩です。自分ではないところに視点をずらして、実況中継してみるのです。

最初のステップとしては、スマホなどで動画を撮影してみるといいかもしれません。まずは、動画などで目に見える外形的な動作や表情、言葉の観察などから自分を客観的に見る練習を始めるのです。

するど、「自分って案外、猫背だったんだな」とか、「人と話しているときにずっと腕組みをしているな」なんてことがまざまざとわかります。そして、腕組みをしている自分を見ているうちに、「こいつ、ちょっと態度が悪いな」と思うかもしれませんね。するど、「これから腕組みするのはやめよう」と思うでしょう。

また、もしかしたら「友だちと話しているときに全然笑っていない。不機嫌そうに見えるから、もっと笑顔にしたほうがいいかな」と気づくかもしれません。

これがメタ認知です。

動画で見た自分自身を実況中継し、自分にツッコミを入れ、分析をしてみるのです。慣れてきたら、次は想像のなかでカメラを意識してみましょう。

そうやってメタ認知のトレーニングを繰り返していけば、少しずつ自分がわかってくるはずです。

また、メタ認知によって自分自身を客観的に見られるようになれば、自分の問題に自分で気づくことができるようになります。

つまり、自発的に問題を見つける力がつくということです。
先生や師匠がいない状態でも、常に「鏡」を見るように自分の問題に気づくことができるため、どんどん成長していきます。

自分の可能性を伸ばす「ジョハリの窓」

自分を知るための2つ目の方法は「20答法」です。
これは「私は○○です」という「私」にまつわる文を20個書いていく手法です。
以下のような感じです。

私は［　　　　　　　　］です。

「私は13歳です」などから始めてもいいし、「私は山梨県出身です」「私はスポーツが好きです」でもいい。自分にまつわることなら何でもいいのです。

ぜひノートに書いてみてください。
制限時間3分間で20個です。
実際にやってみると、最初の数個は簡単に出てくるのに、それ以上はなかなか出てこないという方も少なくありません。
最初のほうに出てくるのは、自分の年齢や出身地、趣味など表層的なことが多く、徐々に内面の深い部分が出てくる傾向があるようです。

次は、これを親やきょうだいや友だちや先生などに、あなたについての文を20個書いてもらいます。

坪田君は　　　　　　　　　　です。

たとえば、「坪田君はメガネをかけています」「坪田君はよく遅刻をします」といった具合です。

その際は、もしかしたら自分が思ったこともない自分が書かれるかもしれません。「いや、俺はそんなんじゃない」とか「こいつ、こんなこと書いてムカつくな」、あるいは「あれ？　この人、俺のこと好きなんじゃないだろうか!?」など、いろいろ思うかもしれませんが、まずは相手の書いたことに左右されず、すべてをそのまま受け入れる必要があります。

友だちと対になって、お互いに20答法をしてみるのもお勧めです。

そして、自分が書いた20の文と、友だちが書いた20の文を比べてみましょう。そこには意外な自分の姿があるはずです。

その次に行うのは、「ジョハリの窓」（左ページ図）を使った自己分析です。

ジョハリの窓というのは、自分に対する理解を４つの領域に分けて考察した自己分析ツールです。この名は、発案者であるアメリカの２人の心理学者ジョセフ・ルフトとハリー・インガムの名前からつけられました。

各領域を「窓」にたとえて、「開放の窓（自分も他人も知っている自分）」、「盲点の

	自分が知っている	自分が知らない
他人が知っている	開放の窓 （自分も他人も知っている）	盲点の窓 （自分は気づいていないが、他人は知っている）
他人が知らない	秘密の窓 （自分は知っているが、他人は気づいていない）	未知の窓 （自分も他人も知らない）

ジョハリの窓

窓（自分は気づいていないが、他人は知っている自分）」「秘密の窓（自分は知っているが、他人は気づいていない自分）」、「未知の窓（自分も他人も知らない自分）」の4つに分けています。

　このジョハリの窓に、先ほどの20答法で出てきた回答をあてはめてみるのです。

　たとえば、自分の認識ではまったくあてはまらない気がするものが出てきたら、「盲点の窓」に入れます。それは、他人には見えているのに、自分には見えていない自分です。

　また、自分は書いたけれど、他人は書かなかった回答は、「秘密の窓」に入れます。

これは、他人の気づかない自分の姿です。

このように、ジョハリの窓を使って客観的に自分という人を見てみることによって、自分が認知していない自分を認識できるようになるのです。

自分ではそんなふうに思っていなかったけれど、周囲にはリーダーの資質があると思われているとか、意外と親切だとか、自分のことが大好きだとか、いつも面白い提案をする奴だと思われているなど、意外な自分を知ることもあります。

当然、そこから新たな可能性が広がっていくこともあるはずです。

このように、メタ認知や20答法、ジョハリの窓などを通して知ることができるのは、君が「自分はこうだと思い込んでいる自分」だけではない、自分という人間の全体像です。なかには意外に思うものもあるかもしれません。

ですが、自分という人間の全体像を捉えることで、自分に対する理解も深まっていきます。さまざまな角度から、自分を見ることもできるようになります。つまり、精度の高い自己分析ができるようになるのです。

人間関係のメンテナンスで人間の土台が安定する

さらに、自分について考えるときには、自分の周りの「人間関係」についても整理してみましょう。

先ほど僕は、アイデンティティとは人間関係そのものだという話をしましたが、実際、人生において人間関係は非常に重要な割合を占めています。

たとえば、就職でもそうです。

僕は受験生の指導をしていますが、その後、大学に入った生徒の7、8割が就職活動の相談にやってきます。

就活というのは、これから自分が何をやりたいのかを改めて考える機会ですよね。

そんなときに学生たちが何をするか見ていると、業界分析や自己分析、さらに給料や福利厚生などの条件面の考慮です。その会社や業界がこれから伸びそうか、その仕事は自分に合っているか、条件はどうかなどを非常に気にして徹底的に調べています。

でも実は、退職するときの理由でもっとも多いのは人間関係です。

一説には、「パワハラやノルマがきつい」とか「上司による評価への不満」「職場の人間関係が悪い」など、人間関係に対する不満が退社理由の8割を占めるといわれています。

つまり、条件面で入社を決めても、人間関係が原因で辞める人が多いということ。

それなら、むしろ最初から人間関係を見て入るべきではないでしょうか。その会社がどのようなポリシーを持って人を育てているか、実際の職場の雰囲気はどうかなど、社内の人間関係を調べてみるのです。

そうしたことは大学のOB・OGに聞くこともできますし、今は会社の口コミサイトなどでも調べることができます。社内の人間関係を知り自分に合った会社を選べば、快適な環境の中でいろいろなものが身について、成果も上がっていくはずです。

このように、人間関係というものは人生に大きな影響を及ぼしていますが、自分がどんな人間かを考えるときには、人間関係もメンテナンスする必要があります。

人間関係のメンテナンスとは、目の前の人との関係性を整理することです。

自分はなぜ、この人とこんなにうまくいっているのか、この人は自分以外の人とどんな人間関係を築いているのか、なぜあの人とはうまくいかないのか、自分はどんな人間関係を望んでいるのか……などを整理してみるのです。

たとえば、最近、家族に当たってばかりいるなと思ったら、それはなぜか考えてみましょう。もし妹から声をかけられただけで「うるせえ！」などと言っているとしたら、自分はなぜそんな態度をとったのかと振り返ってみるのです。

そうしたら、その日クラスで嫌なことがあったことや、暴言を吐かれたことが思い出されるかもしれません。

先ほど例として出した父親と同じです。誰だって他人から嫌な言葉を吐かれれば、一日中憂鬱な気持ちになってしまいます。そんな状況であれば、妹に「ねえ、お兄ちゃん」と声をかけられただけでイラッとしてしまうこともあるでしょう。誰かからもらった嫌な気持ちを、そのまま誰かに渡してしまうのです。

ただ、感情の赴くまま荒れていても、状況は決してよくはなりませんし、自分自身も変わっていきません。

そこで大事なのが、メンテナンスです。

英語の「メンテナンス」は、もともと「補修」「保全」「整備」などを意味しますが、ここで言うメンテナンスとは、振り返りです。自分はなぜその一言を言ったのか、目の前の人は自分にとってどういう存在なのか、一つひとつ振り返ってみます。

先ほどのメタ認知と同様に、自分自身の姿を客観的に振り返ることによって、自分が他の人に嫌な気持ちを押しつけていることがわかるのです。

すると、自分の感情の赴くまま荒れることが減っていくはずです。他者との関係を見直すことで、なるべく丁寧に接しようとか、優しくしようという方向へ意識が向くようになります。そうなると、周りもあなたに優しく接するようになるはずです。

それによって得られるメリットは、人間関係の改善だけではありません。

あなたという人間の「土台」が安定するということです。

自分の土台が安定すると、目の前のことに集中できるようになり、自分に自信が持てるようになります。自信が持てるようになると、47ページで触れたようにできることが増えていき、やる気が出て、ますますできるようになっていきます。

自分の周りのメンテナンスを一つひとつ丁寧にしていくことで、徐々にアイデンティティの土台が安定していき、自分の可能性も広がっていくのです。


もう少し、コミュニケーションについて考えてみましょう。

親子げんかやきょうだいげんかの際に、多くの人が言いがちなのが、「自分はこう言った」という言葉ではないでしょうか。

「ちゃんと謝りなさいよ」とか「ありがとうって言った？」などと言われたら、それに対して「さっき、ごめんねって言った！」とややキレながら答えたりしますよね。

結局、お互い譲らずにまた揉めたりして……。

多くの人は自分が言ったことに重きを置きがちですが、自分は言ったつもりでも、周りにそう受け取られていないというケースも多いですよね。それが揉めごとに発展することもあります。

でも、コミュニケーションのそもそもの目的を考えてみましょう。

それは、相手と意思を疎通することです。つまり、相手にきちんと伝わっているかどうかがもっとも重要だということ。

ですから、**人に物事を伝えるうえで大事なことは、自分が何を言ったかではありません。相手にどう伝わっているか、それがすべてです。**

自分の周りの人間関係をメンテナンスする際には、「相手にどう伝わっているか」も考えてみたほうがいいということです。

目の前の人との関係性を整理して、この人には本当は感謝していると思うなら、それをきちんと伝える努力をする。友だちに自分のことを信頼してほしいと思うなら、どうしたら相手にわかってもらえるかを考える。

そうやって目の前の人との関係性を丁寧に築いていって、自分という人間の土台をしっかり安定させれば、結果的にやりたいことも見つかるようになるはずです。

自動車も事故を起こしてから修理する人が多いですが、本来はその前にしっかりメンテナンスしておかなければいけませんよね。今、何かがうまくいかないという人も、何とかうまくやれているという人も、常にメンテナンスをしておく必要があるのです。

ですから、いろいろ悩んでいる時間があったら、今のうちにできるメンテナンスをしっかりやっておいたほうがいいよ、ということなのです。

目の前の人を感動させる人が「成功する人」

僕が皆さんに人間関係のメンテナンスをお勧めする理由は、単にアイデンティティの土台を築くためだけではありません。

偶然訪れる「チャンス」に備えるためでもあります。

皆さんは、夢って、どんなふうに叶うか知っていますか？

自分でしっかりキャリアプランを立てて、それに従って行動していれば、夢は叶うのでしょうか？

違います。実は、そのほとんどが「偶然」によって叶うのです。

スタンフォード大学にジョン・D・クランボルツという心理学の教授がいます。

この人がビジネスパーソンとして成功した人たちのキャリアを調査してみたところ、

成功の決め手となった出来事のうち、その8割が本人の予想しない偶然によるものだったそうです。

偶然の人との出会いで職を得たとか、予期していなかったことが起きて事業がうまくいった、などです。

その結果を受けて、クランボルツ教授は「**キャリアの8割は予想しない偶発的なことによって決定される**」という「計画的偶発性理論」を提唱しました。つまり、どんなに事前に計画を立てていても、成功するかどうかは偶然によるということです。

たとえば、僕がよく知っている放送作家、小林仁《こばやしひとし》さんの例を紹介しましょう。

この小林さんはお笑い芸人さんたちがコント日本一を競う「キングオブコント」の準決勝の審査員を務めています。決勝は芸人さんたちが審査員をしますが、準決勝まではスタッフが審査します。その準決勝の審査をしているわけですから、小林さんはスタッフの最高峰と言えますね。放送作家としてまさに大成功されている方です。

この方がどうやってここまでのぼりつめたのかを聞いてみると、それこそ偶然の積み重ねでした。

そもそも小林さんは、放送作家という職業すらよく知らなかったそうです。昔からラジオが好きで、明石家さんまさんのラジオ番組をずっと聴いていた小林さんは、ハガキを投稿し始めます。いわゆるハガキ職人です。

思いついたネタを日常的に書いて送り続けていたら、番組で少しずつ取り上げてもらえるようになり、あるとき番組の方からこう声をかけられたそうです。「君、ちょっとアルバイトしてみない？」

面白そうなので収録現場にアルバイトとして行ってみると、今度は周りの人たちに気に入られて、さまざまな仕事を任されるようになっていきます。そのうちラジオだけでなく、テレビ番組にも呼ばれるようになり、番組の企画を書き始めて……というように、気づいたときには放送作家の仕事をしていたというわけです。

そして今や、大御所の放送作家です。この方は大阪の方ですが、東京でなくても、こういうことが起こり得るのです。

ただ、小林さんは何もせずに放送作家になれたわけではありません。

偶然起きた出来事に対して、一回一回自分のベストを尽くして結果を出したからこそ、その先のチャンスが訪れ、新しい人とのつながりもどんどん生まれていったのです。それによって、また新しいチャンスが与えられていきます。

ですから、まずは目の前の一人をいかに楽しませるか、いかに感動させるかが大事だということです。

しかも、何度も触れているように、人間は成功するとさらにやる気が出てきます。ですから、まずは目の前のことや人に集中して、自分のベストを尽くす経験を積み重ねていくことが成功の秘訣なのです。

「誰かのため」が「自分のため」になることもある

かくいう僕もそうです。今、実は塾の経営のほかに吉本興業の仕事もさせていただいているのですが、それはまさに偶然の産物でした。

というのも、ビリギャルのさやかちゃんの指導をしたことから、「たまたま」ビリギャルの本を出版することになり、「たまたま」それが大ヒットし、その影響でテレビ番組によく呼んでいただくようになりました。

ある日、「たまたま」名古屋のテレビ番組にゲストで呼ばれて話をしていたら、「たまたま」それを見ていたテレビ局の偉い人が「この人の話は面白い」と思ってくれました。その人はすぐに吉本興業の岡本昭彦《おかもとあきひこ》社長に電話して、「吉本興業の文化人タレントとして契約しませんか？」というお話になったのです。

一回一回の成果を出したことで、わらしべ長者のように次につながっていきました。

ただ、このときの僕は吉本興業からのお誘いにはすぐにお返事していません。

正直言って、吉本興業のイメージに不安を持っていたからです。

そこで、いろいろな番組でご一緒させていただいた吉本興業所属の芸人さんたちに、

「吉本に入らないかと言われているんですけど、どう思います？」と聞いてみました。40人ほど聞いたと思いますが、全員がこう答えました。「やめといたほうがいいよ」

「え、やっぱりブラックなんですか？」と僕が突っ込むと、意外なことに、皆がそう

ではないと言います。

ある芸人さん曰《いわ》く、芸能事務所というのは有名ではない人が有名になるために必要な装置。だからすでに世に出ている僕はわざわざ吉本を通す必要がないというのです。

そのような感じで、しばらくお返事を保留させていただいていたところ、「たまたま」ラジオ番組でお会いした西野亮廣《にしのあきひろ》さんが吉本興業トップの大崎洋《おおさきひろし》会長との縁をつないでくださり、一対一で食事をご一緒する機会が訪れたのです。

その大崎会長との会食中、初めてお会いしてから2時間もなかったと思いますが、大崎会長がこう言われたのです。

「坪田さん、吉本で何か一緒にやろうよ！　たとえば社外取締役で」

気がついたら、僕は即答していました。

「はい、それが大崎さんのためになるなら！」と。

こうして、吉本興業の文化人タレントになるかどうかを迷っていた僕は、社外取締役という立場で吉本興業に関わるようになったのです。

ここまでも、すべて偶然の賜物《たまもの》。意図していたものは一つもありませんでした。

さんざん迷っていた僕が、なぜ吉本興業の社外取締役になったのかといえば、その理由はシンプルです。

ズバリ、大崎会長の人柄に惚れ込んだからです。

大崎会長は、挨拶の段階から僕を魅了しました。二回りも年下の僕に上座を勧め、僕が恐縮すると、「今日は坪田さんがお客さんなんだから、上座に座ってください」と丁寧に理由を添え、それでも僕が遠慮すると、「大丈夫。次は俺がそっちに座るから」といたずらっぽい笑みをこぼしました。謙虚でいながら、相手の気持ちをくみ取る洞察力に優れています。その後も、自分の失敗談や、人に知られたら恥ずかしいと思うような話を、これでもか、これでもかと披露してくださるのです。

最初こそ緊張していた僕も、ここまで心を開いてくださる人の前では防備を解くしかありません。この人の前ならどんなことも話せるという気分になり、さらにお会いしてから十数分後には、もう「この人が大事にしているもののために、自分の力を尽くしたい」と思うようになりました。大崎会長は、そんな魅力が溢れていたのです。

大崎会長も帰り際に大笑いされていました。「さすがに俺も、初対面の人に役員にならないかって言ったの、初めてだわ」と。

僕だって、自分が吉本興業の仕事をするなんて思ってもいませんでしたし、最初に声をかけられた段階で受けていたら、タレントとして所属するだけだったでしょう。

結果的に、僕は今、塾の経営もしながら、吉本興業のデジタル化やデジタルトランスフォーメーションなどに関わっています。YouTuber「カジサック」さんのプロデュースやYouTuber専門のマネジメントプロダクション「UUUM」との資本業務提携など、塾の経営だけをしていたら決して得られない経験をさせていただいています。

誰かのやりたいことを手伝って、それが成功すれば、その人のためにもなりますが、自分のためにもなるのです。人とのつながりや知識や経験が増えていくからです。

新しい分野での知識や経験が増えていくと、自分の幅がどんどん広がっていき、今度は、自分自身の夢やビジョンも増えていきます。「こういうこともやってみたい」「こういうことができるかもしれないな」という思いが次々と湧いてくるからです。

「誰かのため」にやっていることが、「自分のため」になることもあるのです。

ですから、もしも今、自分には夢がない、やりたいことがないというなら、まずは「目の前の人が求めていること」や「世の中が必要としていること」は何かを考えてみるのも一つの方法です。

そして、目の前のこと一つひとつにベストを尽くしてみることです。

それで成果が出れば、その先がつながっていきます。

また、成果が出始めると、君自身もきっと大きな充実感を感じるはずです。自分のした行動で誰かが喜ぶ姿を見るのは、とても楽しいことですから。

夢は一人だけでは叶えられない

第1章の最後に「打倒パチンコ」の話を書きました。パチンコよりもお金を使いたいと思える教育業界にすることが僕の目標だ、と。

実は、僕の目標はそこでは終わりません。人を育てるという意味では、塾だけでは十分ではないと考えているからです。

僕のもう一つの目標は、「世界一のサッカークラブをつくること」です。

実はこの目標、昔からよく塾の社員たちに話していたのですが、悲しいことに誰も真剣に取り合ってくれませんでした。

でも、それが吉本興業に関わり始めたことで、実は現実味を帯びてきたのです。サッカーやスタジアム建設などのさまざまなプロジェクトにも声をかけていただいていろいろやっているうちに、ある社員に言われました。

「塾長、あのサッカーの話って、もしかしてマジだったんですか！」

別の社員もこう言いました。

「前はこの人、なんて無謀なことを言っているんだろうと思っていたけど、最近はこの人だったらやりそうだと思えてきた」と。

いやいや、僕はずっとマジでした。

だって、「世界一のサッカークラブをつくること」は実現可能だからです。野球で世界一になるのは無理かもしれませんが、サッカーならできるのです。

考えてみたらわかります。野球では、草野球チームはセリーグやパリーグに入れませんから、どこかの球団を買うしかありませんが、そこで１位になったとしても本当に日本一かどうかはわかりません。さらに、アメリカのメジャーリーグに勝ったとしても、それで世界一になれたとは言えませんよね。

でも、サッカーなら確実に世界一を目指すことができるのです。

方法はこうです。まず選手を集めて、東京都社会人サッカーリーグの４部に登録します。そこで勝ち進めると、３部、２部、１部へと上がっていきます。

その上は関東サッカーリーグ（ＫＳＬ）、その次は日本フットボールリーグ（ＪＦＬ）に昇格し、Ｊ３、Ｊ２、Ｊ１と上がっていきます。

Ｊ１のトップになったら、今度はＡＦＣアジアチャンピオンズリーグです。

そこで優勝したら、今度はＦＩＦＡクラブワールドカップ。

そしてこのワールドカップで優勝したら、世界中が認める正真正銘の世界王者です。

つまり、草の根から世界一まで唯一つながっているのがサッカーなのです。

一人ひとりが実力をつけ、お互いの連携を深めることで組織は強くなっていきますが、そうやって草の根からきちんと人を育てていったら、「ゼロから世界一になれる」ことが証明できるのです。しかも、それを世界中の何十億人という人たちが見ているわけです。こんなに夢のある話はないでしょう。

これは壮大な目標ですが、実現不可能とは言えません。

それが1億分の1の可能性であっても、その可能性が1ミリでもある以上、誰にも無理なんて言えないのです。

目標は、一人だけで叶えられるものではありません。偶然の積み重ねによって、新しいつながりができていき、一緒にやる仲間が増えていく。誰かの目標に巻き込まれる。そうやって少しずつ、実現の可能性が広がっていくのです。

そのためには、まずは目の前の一人を感動させること。

そこからすべてが始まるのです。

第4章

成功する人は失敗上手

失敗を重ねてこそ、当たりパターンが見つかる

これまで僕は、今やりたいことがなくても大丈夫、それよりも手持ちのカードを増やしていくことが大切だと書いてきました。

そのためには「自分には無理」という固定概念に縛られないこと、短期的な視点だけで物事を捉えないことが重要だ、と。

僕がこうしたことを何度も書くのは、何をするにしても、「自分には無理」「できない」と簡単に諦めてしまう子がたくさんいるからです。子どもだけでなく、親御さんもそうです。短期間で、我が子には無理だと決めつけてしまう傾向があります。

なぜそうなるかというと、皆、失敗を恐れているからです。失敗して、傷つくのが怖いから。

でも、どんな人でも、成長のためには失敗が欠かせません。

今、やりたいことをやるにしても、いつかやりたいことをやるにしても、失敗がな

ければやり遂げられないはずです。

そこで、この章では「失敗との向き合い方」についてお話しします。


先日、僕は堀江《ほりえ》貴文《たかふみ》さんからこんな話を聞きました。

堀江さんは液体燃料の会社を設立する他、会社経営や「堀江貴文イノベーション大学校」の運営、宇宙事業でロケットを発射させるなど現在でも大活躍されています。

そんな堀江さんのYouTubeチャンネル「ホリエモンチャンネル」の登録者数は２０２１年７月時点で１２２万人。１００万人超えの大人気チャンネルです。

でも、実は最初の２～３年は失敗の連続だったそうです。

当時は、スタジオにきちんとセットを組み、堀江さんとＭＣの女性がゲストを囲んで３人で座談会をする形式だったのですが、お金をかけてきちんとコンテンツをつくっているのに、登録者数は１万～２万人あたりからなかなか増えていきませんでした。

わざわざセットを組んでやっていたため、毎回赤字だったといいます。

試行錯誤しながらもしばらく続けていた堀江さんは、あるときスタイルを大きく変えてみます。一人で喋っている様子をスマホで自撮りした映像を流してみたのです。話す内容は、青汁王子の脱税がどうだとか、渡部建《わたべけん》さんの不倫騒動はどうだとか、そのとき話題になっているテーマです。試しにその形式でやってみたら、一気に10 0万回、200万回再生の回が続き、どんどん登録者数が伸びていったそうです。つまり、めちゃくちゃバズったのです。

それまでは、どうしたら再生回数や登録者数が伸びるか、堀江さんなりに仮説を立て、やっては失敗し、また違うネタをやってみては失敗し……というサイクルを繰り返していて、それなりに辛かったそうですが、数年後に「一人で時事的な問題を話す」という形が求められていたのがわかり、ようやく現在のスタイルができあがりました。

つまり、**失敗を重ねたからこそ、自分の「当たりパターン」がわかったのです。**

だからこそ、いろいろ試行錯誤して「自分の当たりパターンを見つけること」が重要だと堀江さんは話していました。

確かにその通りです。

たとえば、画家のピカソ。

ピカソといえば、人物画のはずなのにまったく人物に見えない、ちょっと変わった抽象画が有名ですが、もともとは極めて写実的な絵を描いていました。

その画力は少年時代から卓越したものでしたが、次第に写実画から離れていき、ゴッホ風の絵やセザンヌ風の絵、幾何学的な形状を描いたキュビズムなどさまざまな画風を試した結果、あの独特の画風にたどり着きます。そして、その画風が「絵画の歴史に革命を起こした」と言われるほど高く評価されると、それ以降、ピカソはあの画風しか描かなくなりました。

抽象画がピカソの当たりパターンだったのに対し、ミレーは「農村画」が当たりパターンでした。

ミレーも『種蒔《ま》く人』や『落穂《おちぼ》拾い』が評価されてからは、おばさんたちやおじさんたちが田んぼで作業をしている絵しか描いていません。

作家の芥川龍之介《あくたがわりゅうのすけ》もそうです。芥川龍之介の当たりパターンは「リメイク」でした。

実は、芥川龍之介にはオリジナルのストーリーはほとんどありません。たとえば、『羅生門』は「今昔物語集」の『羅城門』という物語を基にした物語ですし、『杜子春《とししゅん》』は唐の古典物語を童話にアレンジしたもの。『蜘蛛《くも》の糸』も『地獄変』も古典から題材をとっています。

彼は古典作品を現代風にリメイクする能力に優れていたのですね。

このように、成功した人は、その人なりの成功パターンをつくりあげています。さんざん試行錯誤して、たくさん失敗をしておくと、自分の当たりパターンや成功パターンがわかるようになるのです。

堀江さんはこう言います。

「俺だって、100やって当たるのは1個か2個だよ」

とにかく思いついたことや仮説を立てたことは何でもやってみるそうです。

逆に言えば、堀江さんは「外れた98個や99個」を「失敗」とは思っていないということです。やってみて、自分の思った通りの結果が得られなくても、それを失敗だとは思っていない。

なぜなら、トライアンドエラーの回数を増やせば増やすほど、成功のパターンを増やしていくことができるのですから。仮に1万回トライしたら、成功パターンが100個できるということです。

失敗にめげない人が成功

メディアに出るようになって以来、僕はさまざまな場で各界の成功者と言われている人にお会いする機会が多くなりました。

そうした方に話を伺って驚くのは、一見成功しているように見える人でも、実はたくさんの失敗をしているということです。

先日お会いした、テレビプロデューサーの土屋敏男《つちやとしお》さんもそうでした。

土屋さんは、大ヒットした日本テレビ系列の「電波少年シリーズ」のT部長として有名ですが、実はそれまでにびっくりするぐらい企画を外しまくっています。

『進め！　電波少年』が始まった時期は、フジテレビ全盛の時代。日本テレビは「暗黒時代」と呼ばれるほど低迷していました。

土屋さんもバラエティ番組のディレクターとして奮闘していましたが、何をやってもうまくいきませんでした。独自に考えた企画もダメ、フジテレビを真似した企画もダメで、1ケタ代の低視聴率が続き、たった3回の放送で打ち切りになったこともあるそうです。結局、土屋さんは編成部に異動になってしまいます。

そんなとき、ある番組の放送が急に終わることになりました。レギュラーで司会を務めていた某人気お笑いコンビが映画に主演するため、番組を休ませてほしいと言ってきたからです。今では信じられないことですが、それくらい当時の日テレが軽視されていたということなのかもしれません。

それでも、とにかく別の番組を用意しなければいけません。しかも急な話だったため制作期間はたった1か月。そんなときに社内で番組制作ができる者のうち、もっとも暇そうだったのが土屋さんだったのです。

「どうせうまくいかないだろうけど、何かやってくれ。とりあえず1クール(3か月分)埋めてくれればいいから」

そんなスタートでした。

時間も予算もないため、著名なタレントにも出てもらえません。出演者の松村邦洋《まつむらくにひろ》さんと松本明子さんは当時、ほとんど無名でした。

セットも準備できないので、画面の後ろはＣＧアートにし、出演者２人の顔や上半身だけを合成して使いました。

でも、これが大当たりしたのです。タレント性で勝負できない分、アポなしで世界中の著名人に突撃取材を敢行したり、新人芸人にヒッチハイクの旅や懸賞生活をさせたりするなどの体当たり企画が大人気になりました。また、出演者２人の顔が伸びたり縮んだり、消えてなくなったりする映像も画期的でした。

これはまさに、１３０ページで紹介したクランボルツ教授の「計画的偶発性理論」そのものですよね。

土屋さんが失敗していたからこそ、この番組ができたわけです。失敗がなければ、チャンスはありませんでした。

しかも最初から狙った企画ではなく、さまざまな制限を一つひとつクリアしていった結果、視聴率30％を超える大ヒット番組になったのです。

番組はその後もシリーズ化し、地上波やデジタル波で30年近く続いています。土屋さんもすでに60代ですが、最近もｗｏｗｏｗで「電波少年Ｗ」をスタートさせるなど、まだまだ意気は衰えていないようです。

先日お会いした佐藤幹夫《さとうみきお》さんという方も、長年、ＮＨＫで演出家として大活躍されていた方ですが、実は左遷ばかりの人生だったといいます。

佐藤さんは東大卒業後にＮＨＫに入局して以来、大河ドラマの『太平記』『秀吉』など、さまざまなヒット作を生み出しましたが、実は、手がけた作品はほぼ大赤字だったそうです。

大赤字を出すたびに左遷され、でも、やはりすごいコンテンツをつくるから、また制作現場に呼び戻され、また大赤字を出して左遷されて……の繰り返し。大河ドラマや朝ドラやドキュメンタリーをつくってきた大御所といわれる人でも、さんざん失敗しているのです。

むしろ、そこまでいろいろな試行錯誤を重ねてきたからこそ、一つの成功が生まれ、それによって周囲からの信頼感が生まれたのでしょう。また、失敗と成功を繰り返すなかから新たな人のつながりもできてきて、新しい仕事につながっていきます。

佐藤さんは現在71歳ですが、これまで番組をつくるなかで何度も訪れたシルクロードに端を発する日本の伝統芸能「伎楽」に興味を持ち、ライフワークとして取材や調査を進めてきたそうです。今は、デジタル技術を使って伎楽を現代に復活させようという壮大なプロジェクトに携わっています。

目を輝かせてプロジェクトの話をされている佐藤さんを見て、僕はとても嬉しくなりました。10代でやりたいことが見つからないと焦っている人もいるかもしれませんが、71歳でも、こんなにワクワクすることや、やりたいことが見つかるのです。

運命の相手がわかるのは、合わない99人がいるから

ただ、この話で注意しなければいけないのは、最初から「失敗してもいいいや」では絶対にうまくいかないということです。

成功させるつもりだったけれど、結果的に失敗してしまった。そこで歯を食いしばり、次はどうしたら成功するだろうか、どう変えていけばいいのかと必死に考えることが、新たな課題や展望につながるのです。

失敗から成功を生み出すためには、失敗をいかすしかありません。

発明王、トーマス・エジソンもこう言っています。

「私は失敗などしていない。うまくいかない方法を1万通り見つけただけだ」

多くの人はすぐに「失敗した」と言いますが、それは自分が失敗だと認識しているだけの話です。

でも、成功した人は、それを「失敗」とは思いません。「成功のタネ」と考えます。

他の人から見たら失敗と思えるようなことでも、その経験のなかから「成功のタネ」を見つけ出すことのできる人。そして諦めずにもう一度挑戦できる人。そういう人が、結果を出せるのです。

「私たちの最大の弱点は諦めることにある。成功するのにもっとも確実な方法は、常にもう一回だけ試してみることだ」

これもエジソンの言葉です。

一つの方法がうまくいかなかったら、すぐに「失敗した」とへこみ、「どうせ自分には無理だったんだ」と諦めてしまう人も多いですが、自分に無理だったのではなく、その方法が無理だっただけです。違う方法を試してみたら、もう少しうまくいくかもしれません。

それでもうまくいかなかったら？

また違う方法を試してみればいいのです。

運命の相手だって、「自分と合わない99人」に出会ってこそわかるのです。

本当の意味で理想の人が見つかるためには、違う99人はむしろ必要です。いろいろな人と付き合ったほうが、本当に自分に合う人がわかるからです。

「ゼロか100か」で考えるから失敗が怖くなる

ところで、多くの人が陥りやすい思考に「二分法的思考」というものがあります。

「成功か失敗か」「善か悪か」などと物事を白黒で分けて、グレーの部分を認めないという考え方です。

10代の終わりから数年間をニュージーランドとアメリカで過ごした経験から言わせていただければ、日本人には特にこの傾向が強いような気がします。

これは若い人にぜひお話ししておきたいのですが、日本の場合、誰かと恋人として付き合うときも二分法的です。

たとえば、誰かを好きになって「あの人に恋人になってほしいな」と思ったとき、日本ではいきなり「付き合ってください」と告白することが多いですよね。それで、「はい」と言われたら、彼氏や彼女になります。

でも、欧米の場合はいきなり「付き合ってください」の告白はありません。

いいなと思う人がいたら、あまり気構えず、まずは2人で食事や映画などのデートに行きます。そこで盛り上がれば2回目の約束をして、さらに3回目があって、その3回目くらいでキスをしたりして……。そうやって、よくデートをする特定の人がボーイフレンドやガールフレンドという感覚ですが、日本人の場合は、いきなり「付き合ってください」と告白して始めることが多いですよね。

だけど、いきなり「付き合ってください」って、少しハードルが高すぎませんか？

たとえば、街で知らない人にいきなり「付き合ってください」と言われたら、ちょっと怖いですよね。「いや、あなたのこと知りませんから」と断る人が多いでしょう。

だけど、学生たちを見ていると、同じクラスや隣のクラスの子からいきなり告白されて、付き合うことになったというパターンが多いのです。２人きりで話したこともないのにいきなり告白して、告白されたほうも相手のことをよく知らないままＯＫして、すぐに手をつないで帰る、とか。

よく考えてみれば、一定期間、同じ環境にいたというくらいで、相手のことをよく知らないのに、いきなり恋人に昇格です。

いや、いきなり告白する前に、「一緒に帰ろう」とか「ご飯を食べに行きませんか」と声をかけてデートしてみたらいいし、なんなら付き合う前に手をつないでみたっていいじゃないかと僕は言いたいですね。

それなりに話したり、一緒に遊んだりして、この人は大事にしたいなと思えるようになったら、その相手が彼氏や彼女になっていく。少し合わないかなと思ったら、他の人とデートしてみる。そういう「お試し期間」があったほうが、人付き合いの経験値も増えて人間としての幅も広がるはずです。

姿を見ただけで運命の相手がわかるなら苦労しませんが、ほとんどの人はそうではありませんよね。試行錯誤して失敗を重ねてこそ、自分に合う人が見つかるのです。


こうしたことは恋愛の話に限りません。日本では、このような「ゼロか100か」の考え方をする人が多いため、試行錯誤の経験も少なくなりがちです。

たとえば、起業です。日本の起業率は4・4％（2018年度）で、中小企業庁の「2020年中小企業白書」によると、イギリスの13・6％（2017年）、アメリカの10・3％（2016年）に比べて、かなり少ない割合です。

別の調査でも、日本では「起業したいと思わない人」が約7割。先進国33か国でもっとも起業への関心が低いそうです。

でも、今はお金を銀行から借りなくても、ベンチャーキャピタルやエンジェル投資家が返す必要のないお金を出資してくれるケースが少なくありませんから、リスクも減っています。

大学の４年間でサークルやアルバイトをするのも悪くありませんが、僕は起業して自分の力を試してみるのもいいと思っています。成功したらそのまま続け、うまくいかなかったら、会社の売却や清算をして就職すればいいという考え方もありますが、親御さんたちと話していると、「起業なんてとんでもない！　うまくいくはずがないし、我が子には絶対やらせたくない」とことごとく否定される方が多いのです。まず頭に浮かぶのが、失敗したときのことなのでしょう。

多くの人は、大きな会社に入りさえすれば保証と安定が得られると思い込んでいます。そして定年まで一つの会社にいて、老後は退職金と年金で暮らせたら安心だと。とにかく、「失敗しない保証」を手に入れたいのかもしれません。

推薦入学が大幅に増えた理由

この傾向は、受験の際も同じです。

特に、中学生の志望高校選びなどはその典型で、生徒はよくこんなふうに言われます。「あなたの内申点は28です。25〜30の人はこの高校に受かるはずですから、この学校に決めたらいいでしょう」

これって、よく考えたらおかしいと思うのです。今までは当たり前のこととされてきたので、僕がこういう話をするとほとんどの方は「は?」という顔をされますが、「自分は今、この辺にいるからこの辺の学校に決めよう」という考え方では、決して成長していくことはありません。

また、そうした考え方では、もしも自分の内申点より低い学校のなかに自分の特性にぴったり合う学校があったとしても、検討する機会すらないでしょう。

中国の『史記』に「鶏口《けいこう》となるも牛後《ぎゅうご》となるなかれ」ということわざがありますが、

これは「大きな集団の中で従う立場にいるよりも、小さな集団の中でリーダーになったほうがいい」という意味です。むしろ、自分の内申点よりも低い学校に行って学年で一番になるほうが、結果的にはいいかもしれません。でも、そういう検討をする人はほとんどいないのです。

また、最近の大学入試は、安全志向どころか「超安全志向」です。

推薦入学やＡＯ入試（一般入試とは違い、小論文や面接によって学生の合否を決める選抜制度）による入学者が増えています。

ここ数年はその傾向に拍車がかかり、２０２０年度に一般入試で私立大学へ入学した人の割合は44・１％で、全体の約４割でした（文部科学省「大学入試のあり方に関する検討会議」のための資料より。国立大、公立大を合わせると54・９％）。

特に、私立大学で推薦入試枠が増えています。

これは、私立大学側の懐事情と受験生側の安全志向の両方が影響した結果です。

どういうことでしょうか。

まず大学側には、少子高齢化と私立大学の増加による財政危機を何とかしたいという事情があります。今、大学の受験者数は、18歳人口がピークに達した1990年代の約半分です。それに危機感を感じた私立大学は、受験生がさまざまな形で試験を受けられるように複数の試験方式を採用し始めます。1人の生徒が何回も受験してくれたほうが、受験料も入学者数も増えますからね。

そこで多くの私立大学でこの複数方式を採り入れるようになったのですが、5回、6回、7回……と試験日程を増やしていくためには、それまで2月頃が主流だった試験日程を前年末まで前倒ししなくてはいけません。しかし、その時期はまだ学習指導要領で決められた範囲まで授業で教えていませんから、試験を実施するのは難しくなります。

そこで、推薦入試というものを積極的に採り入れるようになりました。

そうした大学側のトレンドに、「早く、確実に合格したい」受験生や保護者の思惑が一致したのです。

一般入試だと不合格の可能性もありますが、推薦入試なら「絶対合格の保証」がもらえます。現役で入りたいというニーズの高まりもあって、早い時期に確実に入れる大学を決めてしまいたいと考える人が増えているのでしょう。

それにしても、なぜ今の子どもたちや親御さんたちの間に、これほど安全志向が高まっているのでしょうか？

さまざまな要因が考えられますが、一つに時代背景を挙げることができると思います。

１９９１年にバブル経済が崩壊しましたが、それ以前の時代を生きてきた人たちは、景気の動向には浮き沈みがあり、いったん落ち込むことがあっても、頑張ればいつかよくなるということが感覚的にわかっています。

でも、バブル崩壊後に生まれた今の子どもたちは、生まれてから一度も景気がよくなった経験がなく、経済状態がずっと横ばいか、さらに低くなっていくことしか知らない世代です。

ですから、最近の子どもたちは努力して上を目指そうという発想よりも、「いかに落ちないようにするか」が大事になっているようです。先が読めない時代のなかで、「絶対に安全という保証がほしい」という超安全志向になる人たちが増えているのでしょう。

いかに知の元本を貯められるか

ですから、安全志向にとらわれる人が多いのもうなずけるのですが、一つお伝えしておきたいことがあります。

それは、推薦入試を選ぶ人のなかには、大学や学部が自分の興味のある分野と多少違っていても、とにかく「合格できるなら早く決めてしまいたい」という思いから入学を決めてしまう人もいるということです。そして、後になってから、「この大学や学部でよかったのだろうか」と悩む人もいるということ。

僕は、中学生や高校生の時期というのは、人生のうちでもっとも体力的に無理がきく時期だと思っています。それこそ3日徹夜したって死にやしないという時期です。

この一番頑張れる時期に、自分の持てる全力を出しきらなかったら、後になってその選択を悔やむ気持ちが出てきても不思議はありません。

さらに伝えておきたいのは、この時期の頑張りは、確実にあなたの「知のベース」になるということです。

体力的に無理ができる時期にしっかり「知のベース」を貯めておかないと、後から苦労する可能性や、壁にぶつかる可能性があります。

なぜなら、僕たちは社会に出るまでに得た「知のベース」を元本（元手になるもの）として、その後の人生を「複利」で回していくことになるからです。

複利という言葉を簡単に説明すると、投資をする際、元本についた利息と元本の両方に利息がついて、元本がどんどんふくらんでいく計算式のことです。「複利効果」といって、仮に毎日１％ずつお金が増えていくと、１年後には37・７８倍になります。

当然、元本が違えば、その後の複利効果もまったく違ってきます。

試しに、大学入学までに得られた「知のベース」を元本として考えてみましょう。

毎日１％ずつ努力をしたとして、それを３６５日回し続けたとすると、元本が１０

0万円のときは1年後に3778万円になります。

でも、元本が1億円の場合、1年後には37億7800万円にもなるのです。その差は、当初の9900万円をはるかに超えてしまいます。

これが格差社会の真理です。

いったん37億7800万円の元本を得た人は、1年後から努力を0・1%に落としても、次の年には100億円に手が届きます。

これは、元本3778万円の人が1%の努力を続けても、とうてい太刀打ちできる数字ではありません。毎日努力をしていても、「知のベース」という元本に大きな差があった場合、その後の人生で大きな差がついてしまうのです。

補足しておきますが、僕は推薦入試がよくないと言いたいわけではありません。

ただ、推薦入試がどういう構造でできているのかを知らないまま、その流れに乗せられて「このほうがラクだから」という理由で選んだとしたら、それはやはり後悔するだろうなと思うのです。自分の意志で選んだわけではなく、世の中の都合や周囲の思惑によって、実は選ばされている状況だからです。

「わかったうえで選ぶ」のと、「思考停止して、何もわかっていないまま選ばされている」。これは根本的に違います。

入学する方法が推薦入試であれ、ＡＯ入試であれ、一般入試であれ、自分の頭できちんと考えた末に選択ができれば、後悔はしないはずです。

そして、自分が立てた目標に向かって毎日コツコツと努力を続けることこそが、あなたの知の元本を増やしていくことになるのです。

「皆がやっているから」に乗る人は騙されやすい

そもそも考えてみれば、大学入試自体、明確な意志を持って臨んでいる人だけではありませんよね。

ときどき、「自分にはやりたいことがないから、志望校をどう選んだらいいかわかりません。どうやって選べばいいですか?」と聞いてくる生徒がいます。

よく話を聞いてみると、そういう生徒は「自分は大学に行かなければいけない」という前提で話をしています。なぜかというと、周りが皆、大学受験をするから。だから、自分もやらなければならない、と思い込んでいます。

周りの大人も、今まで決められた通りにやってきたから、やるのが当たり前だという考えを疑うこともなく、子どもに接しています。

でも他の人がやっているからって、なぜ自分もやらなければいけないのでしょう？「周りがやっているから」「皆がそう言っているから」という理由で物事を決めて、本当に満足できるのでしょうか？

もしかしたら、我々日本人は「周りがやっているから」と言われると、あまり深く考えずに自分もしてしまう傾向が強いのかもしれません。

そういえば、それをよく表している有名なジョークがあります。いろいろな国の国民性を表す「沈没船ジョーク」というものです。

ある海で、さまざまな国の人を乗せた豪華客船が事故を起こし、今まさに沈みかかっています。脱出ボートの数が足りないため、船長は乗客たちに船から海へ飛び込ませようとします。

それぞれの国の乗客を船長がどう説得したかというと……。

アメリカ人に対しては、「ここから飛び込んだら、英雄になりますよ」と言いました。

イギリス人に対しては、「ここから飛び込んだら、あなたは紳士です」。

ドイツ人に対しては、「この船の規則ですから、飛び込んでください」。

イタリア人に対しては、「さっき美女が飛び込みました」。

フランス人に対しては、「絶対に飛び込まないでください」。

では、日本人に対しては何と言ったかというと……、「皆さん、もう飛び込みましたよ」だというのです。

日本の人たちは、他の人がしていることに追随しやすい民族だと思われているということですね。

先日、ちょうどそんなことを表すエピソードを耳にしました。

ニューヨークで働いている日本人の知人が、夏休み期間だけ小学2年生の女の子を連れて日本に帰国したのですが、アメリカの夏休みは長いため、日本にいる間に子どもを日本の小学校に行かせたそうです。

すると、1日目に登校して帰ってくるなり、その子は「もう日本の学校には行きたくない！」と言ったというのです。

それは、こういう理由からでした。

その子は食べるのが遅かったため、給食時間にゆっくり給食を食べていたそうです。周りが終わっても気にせず一人で食べていると、先生に言われました。「他の皆はもう食べ終わっていますよ」

それを聞いて、その子は思ったそうです。皆が食べ終わっているのと、私が食べ終わっていないのと、何の関係があるんだ、と。

確かにその通りですよね。「次の授業が始まってしまうから、早く食べなさい」ならわかりますが、周りの皆が食べ終わっているという指摘をしても意味はありません。

その先生はきっと意味のない発言をしているという自覚もなく、自然に口に出していたのでしょう。

「皆もやっていますよ。だから、あなたも一緒にやりましょう」と言われてすぐに同調してしまう人は、ずる賢い人に騙されてしまう危険があります。

そうした危険を避けるよう自分の頭で考える力をつけるのが、教育の一つの目的なのではないでしょうか。

それなのに、「周囲に合わせて行動しなさい」ということを、学校の先生が何の疑いもなく口に出しているのです。考えてみたら、これはおかしなことですよね。

もちろん、今の自分にはやりたい仕事も思いつかない、だから大学に行って、自分の興味のあることを学んで可能性を広げるという選択肢はありだと思います。

今はやりたいことがないけれど、大学に行って自分の力を試してみたいという考えもありだと思います。

僕はこうした思いを否定するつもりはありません。

でも「他の人がやっているから自分もやる」という段階で思考停止してしまうと、

その後の人生もずっと人に流されるまま、人に言われるままになってしまいます。

そうではなく、もう一歩先に進んで、自分について考えてほしいのです。

「自分はどんなことをしていると、楽しいと感じるか」

「自分は、これまでどんなことに夢中になってきたか」

「自分はどんなことを叶えたいのか」

まずは一人で、こうしたことをじっくり考えてみてください。

前に触れた20答法やジョハリの窓も、自分を見つめる参考になるでしょう。

また、自分に以下のような問いを投げかけてみる手もあります。

もしも、神様に必ず願いが叶う「プラチナチケット」をもらったらどうする？

チケットに書いた願いは、どんなことでも叶えてあげると言われたら、何を願う？

僕が塾で子どもたちにこの問いを投げかけると、「自分には夢がない」「志望校が決められない」と言っていた子どもたちが、さまざまな答えを出し始めるのです。

この問いかけをする目的は、２つあります。

１つは、「自分にはどうせ無理だ」という枠を取り外すことです。

もう１つは、自分の価値観の方向性を知ることです。

これを問うことで、自分が一番になりたいのか、楽をして生きたいのか、人を喜ばせたいのか、道を極めたいのか……といったことがわかります。それを知ることによって、自分の目標を設定する方向性がつかめるようになるのです。

これは、社会に出てからも同じです。

自分はどうしたらいいのだろうと悩んだり、壁にぶつかったりしたときには、自分はどうしたいのか、何を一番に願うのかをじっくり問いかけてみることが大切です。

失敗は「ネタ」になる

少し話がそれました。失敗の話に戻りましょう。

先ほど僕は、失敗は成功の「タネ」になると書きましたが、失敗は人を笑顔にする「ネタ」にもなるのです。

たとえば、『東大王』（ＴＢＳ系）の出演などで知られるクイズプレイヤーの伊沢拓《いざわたく》司《し》さんは、実は以前、運転免許の筆記試験に落ちたことがあるそうです。

クイズ王と言われた伊沢さんが誰でもできそうな筆記試験に落ちたのは驚きですが、彼が「これでエピソードトークが買えたと思えば儲けものか」とブログに書いていることに、僕は感心しました。

失敗を、笑える「ネタ」としてポジティブに捉えているのです。

実際、この話は再生数ランキングで常に上位に入るYouTuberグループ「東海オンエア」さんの動画で明かされ、大きな話題になっていました。

かく言う僕も、実は運転免許の筆記試験に落ちています。

しかも、筆記試験の合格発表のときにたまたま一緒になったのが、中学時代にヤンキーだった友だち３人でした。当時の成績でいうと、僕が学年トップで彼らは学年ビリでした。

ですから、彼ら３人はかなりドキドキしながら合格発表を待っていました。一方の僕は余裕です。「坪田は頭がいいから、こんなの屁でもないだろ」などと言われて、「まあね」なんて調子に乗っていたのですが……。

なんと彼ら３人が受かって、僕だけが落ちたのです。不合格を知らせる電光掲示板を見た僕は、思わずヘナヘナと崩れ落ちてしまいました。

考えてみれば、僕は誰もが受かるような試験で落ちるはずがないと舐めきっていて、まったく勉強をしないで受けに行ったのですから、試験に落ちるのも当然です。

また、僕はアメリカでも運転免許をとったのですが、実はそこでも筆記試験に落ちています。

そのときはさすがにもう落ちたくないと、必死に勉強していきました。「これで完璧！」という状態で試験会場に入ったら、英語だけでなく、各言語で試験が受けられるといいます。日本で筆記試験に落ちて自信をなくしていた僕は、英語で勉強していたのに、日和《ひよ》って日本語で試験を受けることにしました。

すると、それが大失敗！　日本語が意味不明だったのです。昔の翻訳ソフトのように「左は、直進である」などと、まったく意味のわからない翻訳文になっています。

その結果、また落ちました。

ですから、僕は日本とアメリカで計2回、運転免許の筆記試験に落ちているのです。

こんな経験をしたことのある人はなかなかいないでしょう。伊沢さんを超えたと誇りに思ってもいいかもしれません。

当たり前の話ですが、失敗したときは誰でも焦り、落ち込み、恥ずかしく感じます。

でも、それを「笑えるコンテンツ」と捉え直して提供すれば、提供された側は笑顔になります。何より、「伊沢さんほどの人でも、そんな失敗をするんだ」と思うことで、他の人の失敗に対するハードルが下がります。

ただ、一つ忘れてはならないのは、いつも失敗ばかりしている人が同じようなことをしても、ネタにはならないということです。「またか」で終わりです。

そうではなく、いつも成功している人が失敗を語るからこそ、ネタになるのです。

そのためには、成功するまでしつこくトライし続けることが重要です。成功体験になるまでチャレンジし続けていたら、成功するまでの間に起きた失敗はすべて笑えるものになるからです。

たとえば、お小遣いを必死で貯めて買った新作のスニーカーを履いたとたん、犬の糞を踏んだら、「自分はなんて運が悪いんだ……」とへこみますよね。

でも、そこでへこんだままでいるのではなく、「いつか、これが笑えるネタになるように成功するぞ」と、考え方を変えてみるのです。いつか成功して有名になり、靴の新作発表のイベントに呼ばれたりしたら、そこでこの話をすれば、格好のネタになりますよね。

ですから、そういう失敗経験もきちんと記録しておくことをお勧めします。

失敗の悔しさや恥ずかしさをなかったことにするのではなく、次にいかすのです。

リフレーミングでポジティブに捉える

このように、物事をそれまでとは違う枠組みで捉え直すことを「リフレーミング」といいます。

たとえば、テストで0点をとったら落ち込む人が多いと思いますが、考えようによっては、「伸びしろがあと100点分もあるということだ」とポジティブに考えることもできます。あるいは、「少し勉強しただけで、点数がぐんと上がりそうだ」と捉えることもできます。

同じ経験をしても、「失敗した」という自分の認知を変えることによって、その後の精神状態や行動も変わってくるのです。どんな経験も本人の考え方次第で前向きなものに変わるということです。

どんな物事にも、さまざまな面があります。

そのなかのネガティブな面に注目するのではなく、ポジティブな面に注目するクセ

をつけるということです。

はじめは「０点」なんて見たら、ついネガティブに捉えたくなるかもしれませんが、そのたびに「ちょっと待って。これをポジティブに見てみたら、どんなことが考えられるかな？」と考えてみるのです。毎日そういう訓練をしていると、徐々にリフレーミングというものに慣れてくるはずです。

ビリギャルのさやかちゃんが初めて僕の塾に来たときも、そうでした。

僕が試しに、日本史で知っていることがあるかを聞くと、さやかちゃんは胸を張って１個もないと答えました。

それでも「小学５年生ぐらいから何かしら歴史に触れているはずなので、きっと１個は頑張れば思い出せるから考えてみて」と僕が言うと、さやかちゃんの口から「いいくにつくろう……」という言葉が出てきたのです。

これは成長の瞬間です。スタート時点では０だと言い張っていた子から「いいくにつくろう」という１つのワードが出てきたのですから。

その先が「いいくにつくろう……平安京！」と続いたときにはガクッとなりましたが、これだって考えようによっては意外に近い時代のワードが出てきたわけです。しかも、１１９２年という年号と合わせると、２つも知っていたということです。

僕がそのことを褒めると、さやかちゃんはこう言いました。

「でも先生、私、平安京さんが何をした人なのかは知らないんだよね」

さすがに前向きな僕でも「平安京、さん⁉」と衝撃を受けましたが、これも考えてみれば、もともと何もわからないと考えるのを放棄していた子が、自分から関連する知識をひねり出して疑問を持ったということです。この時点で確実に成長しているということです。

こういう考え方も、リフレーミングです。もしも、最初に「知っていることは1個もない」とさやかちゃんに言われた段階で、「君は今まで何を勉強してきたの？」という詰め方をしていたら、彼女は「１１９２年」という言葉も「平安京」という言葉も出さなかったでしょう。

あるいは、こちらが怒りや呆れやがっかりした表情を見せたら、「もう何も言わないようにしよう」と殻に閉じこもったはずです。

そうではなく、「15秒前までは歴史の知識はゼロって言っていたけど、ちょっと考えただけで、２つも出てきたよね。だから君は意外と知っているんだよ」と前向きにリフレーミングすることで、次につながるワードが出てきたのです。


間違ったことや失敗したことをとがめても、そこからは何も始まりません。

それより、ポジティブに捉え直したほうが、次の行動につながります。

考えてみれば、こうした生徒と講師の会話が本になり、映画にもなったのです。一般的には失敗と思われたことが「ネタ」や「コンテンツ」になったということです。

ですから僕は、声を大にしてこう言いたいと思います。


物事をネガティブに捉えても、いいことなんて一つもない。

リフレーミングで、失敗はうまく活用することができるのだから。

でも、なかには、どうしても自己効力感（自分はできると思う力）が低い人もいます。親から褒められず、怒られてばかりの環境で育った人は、自己効力感が低くなる傾向があるからです。もともとの自己効力感が低いと、ついネガティブな考えが浮かびがちになります。

そんな人こそ、リフレーミングすることが大事です。

たとえば、「明日のテスト、失敗したらどうしよう」と不安が浮かんだら、すぐに「でも、もしも成功したら、すごい武器がまた一つ増えるぞ」とリフレーミングしてみるのです。

それを声に出して言うと、さらに効果は大きくなります。

実際に声に出して、自分に暗示をかけるのです。

いつもポジティブな自己暗示をかけていると、本番に強くなりますから、自信のない人にこそリフレーミングと自己暗示はお勧めです。

一つかみの砂金

僕は、成功の本質は「失敗をどう工夫していくか」にあると思っています。

たとえば、美味しいご飯を食べるまでには、土から耕し、水や肥料を入れ、害虫の対応をし、さんざん手を加えて成長させて脱穀したものを、研いで炊飯する必要があります。

最初から茎や葉っぱや害虫、脱穀して抜いた部分などはいらない、米の美味しい部分だけが欲しいと言っても、そうはいきません。それに至るまでには、さまざまな手間や加工が必要です。

僕は、こうした手間や加工の部分が、多くの人が「失敗」と捉えている部分なのではないかと思っています。

でも、そもそも茎や葉っぱがなければ、米はできませんよね。不要なものなど本来はないということです。失敗も必要不可欠です。

もし今の段階でうまくいっていないことがあったら、その過程を振り返って、見直してみるしかありません。稲穂をもう少し成長させなければいけなかったとか、害虫に食われないようにするとか、水分量をもう少し加減しなくてはいけなかったとか、最後に炊くときに水を多く入れすぎたとか、そうした見直しをして微調整をしていくと、少しずつ美味しい米に近づいていきます。

「はじめちょろちょろ、なかぱっぱ」などの炊飯のコツも、試行錯誤を繰り返した上での生活の知恵の集結ですよね。失敗を繰り返しながら微調整を繰り返していった上に、初めて成功というものが成り立つのです。

勉強もそうです。すぐに身につくとは限りません。

作家の太宰治《だざいおさむ》が「なぜ勉強が必要なのか」を説いた文章があるのですが、僕は昔、この文章を読んだときに大きな感銘を受けました。

太宰は言います。勉強というものは、川で砂金を取ることと似ている、と。

川に皿を入れたら、そこに入るのはほとんどが水や土や石ですが、それを何度もやっていたら、少しだけ砂金が入ります。そして、当然のことですが、その作業をしなければ砂金は決して手に入りません。川にお皿を入れたら、お皿いっぱい砂金がとれるなんてことはまずないでしょうから。

少し長くなりますが、この章の最後に、太宰の文章を引用させてください。まさに今、勉強と向き合っている君たちに読んでほしい文章です。

「勉強というものは、いいものだ。代数や幾何の勉強が、学校を卒業してしまえば、もう何の役にも立たないものだと思っている人もあるようだが、大間違いだ。植物でも、動物でも、物理でも化学でも、時間のゆるす限り勉強して置かなければならん。日常の生活に直接役に立たないような勉強こそ、将来、君たちの人格を完成させるのだ。

何も自分の知識を誇る必要はない。勉強して、それから、けろりと忘れてもいいんだ。覚えるということが大事なのではなくて、大事なのは、カルチベートされるということなんだ。カルチュアというのは、公式や単語をたくさん諳記《あんき》している事でなくて、心を広く持つという事なんだ。つまり、愛するという事を知る事だ。学生時代に不勉強だった人は、社会に出てからも、かならずむごいエゴイストだ。学問なんて、覚えると同時に忘れてしまってもいいものなんだ。けれども、全部忘れてしまっても、その勉強の訓練の底に一つかみの砂金が残っているものだ。これだ。これが貴いのだ。

勉強しなければいかん。そうして、その学問を、生活に無理に直接に役立てようとあせってはいかん。ゆったりと、真にカルチベートされた人間になれ！」

（太宰治「正義と微笑」『パンドラの匣』新潮文庫収録。改行は著者による）

たくさん勉強をし、さまざまな失敗を経験しながら、皆さんがより多くの砂金を手に入れることを願っています。

第5章

誰のものでもない「自分の人生」を生きる

人生は本当に辛いのか

ここまで僕は、夢や才能をどう考えるべきか、あるいは自分の見つけ方や失敗との向き合い方について書いてきました。

最後の章では、君たちが生きる環境をどうやってよくしていけるかという話をしたいと思います。

突然ですが、質問です。

「人生や世の中って、辛いことが多いと思いますか？　楽しいことが多いと思いますか？」

僕は、塾の卒塾式で卒塾していく学生たちによくこの質問をします。皆さんも考えてみてください。

実は会場で手を挙げてもらうと、毎年、「辛いことが多いと思う」と言う人がほとんどです。人生は楽しいことばかりだと言う人は、１００人いたら2～3人くらいしかいません。

でも、僕がいつも不思議に思うのは、なぜまだ社会に出ていない学生が「世の中は大変だ」と思うのか、です。

会場では9割以上の人が「人生や世の中というのは辛いものだ」に手を挙げますが、彼らは学生として親に保護されていて、社会人としての経験はありません。ある意味で、世の中は辛いとか大変だと言える段階にはないはずですよね。まだ世の中を経験していないのですから。

それなのに、なぜ「人生や世の中は辛い」と思っているのでしょう？

それは、周りの大人が皆、そう思っているからです。

ここが重要なポイントです。

周りが皆、「人生は辛いもの」とか「世の中は甘くない」と言っているから、それを聞いて育った人もそう思い込んでいる。自分ではほとんど経験していないのに。

それは親だけではありません。親戚や地域の大人たち、学校の先生、部活の指導者もそうでしょう。

そういう人たちも、子どもの頃から大人からそう聞いて育ってきているから、下請けのまた孫請けのような形で、「人生は辛いもの」「世の中は厳しいもの」という思想が根付いてしまっているのです。


最初に言っておきます。

誰かの言う「人生は辛いもの」「世の中は厳しいもの」は間違っています。

君たちはそんな言葉を信じてはいけません。


僕がそう言いきる理由は2つあります。

理由の1つ目は、君たちはまだ社会を経験しておらず、「人生は辛いもの」というのは伝聞情報でしかないということです。

自分自身で経験していないのですから、この段階ではまだ正しい情報とは言い切れませんよね。

理由の２つ目。そのように「人生は辛いもの」という情報を君たちに伝えた人たちは、釣った鯛《たい》をそのまま食べている「加工の下手な人たち」だからです。

何を言っているのかわかりませんよね。説明しましょう。

鯛という魚がありますね。刺身や煮つけや鯛茶漬けにしても美味しいし、おめでたい席では尾頭《おかしら》付きで出されます。魚が苦手な人以外であまり嫌いという人は聞いたことがありませんが、では、鯛の刺身が好きだという人に、釣ったままのウロコがついた状態で食べさせたら、相手は何というでしょうか？

ぬるぬるしているし、ウロコは硬いし、これは美味しいとかぶりつく人はたぶんいないでしょう。

では、その鯛はどうしたら美味しくなるのかというと、切れ味のいい包丁でウロコをとり、皮をそいで、三枚などにおろして、身を切ればいいのです。そこに美味しい塩や醬油、新鮮なワサビを付けたら、もっと美味しくなるでしょう。

あるいは、それを素敵な夜景を見られる場所で好きな人と食べたら、さらに美味しくなるでしょう。

何が言いたいかというと、人生が辛いとか大変だと言っている人というのは、こうした手間や工夫を省いて、生で食べている人だということです。

反対に、「鯛ってすごく美味しいよね」と言っている人は、適切な調理をして、美味しくなる工夫をして、好きな人たちと一緒に食べている人です。

つまり、さまざまな手間や工夫で、人生をうまく調理している人です。


手間をかけたり工夫をしたりしない人が「人生は辛いもの」「世の中は厳しい」と言っているのです。こうした人の話を聞いても、何もいいことはありません。その人の人生が辛かったというだけの話です。むしろ聞くべきではないかもしれません。

なぜなら、それはサッカーが下手な人にサッカーのアドバイスを受けるようなものだからです。

ボールを蹴ろうとしたら、スカッと外れて転んで頭を打って、「サッカーって、なんてひどいスポーツなんだ!」と嘆いている人にサッカーを教えてもらおうとしても、意味がないどころか逆効果ですよね。「こんなスポーツ、やめたほうがいいよ」と言われるのが関の山でしょう。

僕が怖いと思うのは、「人生は辛いもの」と捉えている大人が世の中のほとんどだということです。

ただし、これは、君たちの周りの大人がひどいとか、ダメだという話ではありません。その人たちを責めるのは間違いです。

僕が本当に伝えたいのはここからです。

多くの人が「人生は辛いもの」と捉えているとしたら、世の中には改善の余地がまだたくさん残されている、ということです。

皆が「人生は楽しい」と思える世の中は素晴らしいと思いますが、改善の余地はあまり残されていないということです。

でも、「人生は楽しい」と思う人が全体の2％しかいないのであれば、あと50倍は楽しくできるし、世の中をよくすることができる。それによって、君も、君の周りの人たちも今よりもっと幸せになるはずです。

そして、そういう世の中をつくっていくのが君たちであり、また僕なのだと思っています。

これもリフレーミングですよね。誰かに言われたことをそのまま信じてネガティブになるのではなく、違う角度からいろいろな可能性を考えてみようと言いたいのです。

過ごす環境で人は変わる

ただし、人は周りの人間や環境によって変わるのも事実です。どんな環境で生きてきたかによって物の見方が大きく変わってくるということです。

天才的な理論物理学者のアインシュタインもこう言っています。

「常識とは18歳までに身につけた偏見のコレクションのことをいう」

若い時期にどんな人と過ごし、どんな環境で過ごしたかが、その人の基礎になるのです。

たとえば僕は、九州の田舎出身で、いわゆる「男尊女卑」が当たり前の環境でした。大人になってから妹に聞いて初めて知ったのですが、実は長男の僕だけおかずが一品多かったそうです。長男だから上座に座らされ、祖母はいつも一番風呂に長男が入れと言っていました。

そんな環境で過ごしてきたので、僕自身にもそれが当たり前という感覚が多少なりともあったかもしれません。ただ、その後アメリカで生活したことで、そうした価値観の違いに気づくことになりました。むしろアメリカではレディファーストのほうが当たり前なのだと知り、ビックリした経験があります。

人というのは、自分が知らないうちに周囲の価値観に左右されるということです。

アインシュタインは、こうも言っています。

「自分を取り巻く社会環境に根ざす価値観、先入観と異なる意見を平然と口にできる人は多くない。大抵の人は、そのような意見を持つことすらできないものだ」

その結果、いつの間にか誰かの言う「人生や世の中は辛いものだ」が、あなた自身に刷り込まれてしまうこともあるかもしれません。

特に、10代は自分の土台をつくる大切な時期です。

だからこそ僕は、自分の生きる環境や自分の居場所について、よく考えるべきだと思っています。人は環境に大きく左右されるし、居場所を変えるだけで世界がガラッと変わることもあるからです。


僕自身にもそういう経験があります。

僕は社会人になってから名古屋に住んでいたのですが、あまり友だちができませんでした。しかし、東京に引っ越してから急に友だちが増えました。

そこで、なぜそんなことが起きたのだろうと考えました。

まず、名古屋と東京だと単純に人口が違いますよね。市と都の違いもありますが、東京は名古屋の5倍以上の人がいます。

また、決して名古屋を見下すわけではありませんし、名古屋も日本を代表する都市のひとつですが、東京と名古屋を比べたら、やはり都会と地方という側面があり、人々の考え方に違いがあります。僕はどうやら東京に住んでいる人の考え方のほうが合っていたようです。これは、どちらがいい、悪いということではなく、自分に合っているのが東京だったというだけの話です。

それで東京に来たら、自分に合う人がたくさんいることがわかり、実際に仲のいい友だちがたくさんできたのです。

こうしたことは、中高生にもいえます。

たとえば、学校やクラスのなかに仲のいい友だちができないのはよくあることです。話の合う人や憧れの先生がいないということもあるでしょう。

そんなときに、もしも誰かからいじめられたり、否定されたりしたら、「自分って、なんてダメな人間なんだ」と自分を否定したくなるかもしれません。

それは違います。

今、たまたま同じクラスの人との関係がうまくいかなかったとしても、違うクラスに変わったり、違う学校に転校したりすれば世界は変わるはずです。そこで仲のいい友だちができるかもしれません。

また、学校ではうまくいかなくても、外部のクラブ活動や習いごと、塾、バイト先などではうまくいくこともあります。

だから、どうにもうまくいかないというときは、自分の居場所を変えてみる、あるいは居場所を増やしてみることです。学校以外の世界をいくつも持っておくことです。そのなかのどれかを楽しめれば、たとえ学校でうまくいかなくても、君自身の辛さも変わってくるはずです。

ある場所では当たり前とされている価値観や考え方が、他の場所ではまったく通用しないこともあります。ですから、一つの環境でうまくいかなかっただけで自分はダメな人間だなどと思い込まないでほしいのです。

今の若者には向上心がない？

価値観という言葉が出てきましたが、価値観とは何かというと、「どんなことに価値を見出すのか」ということです。その人自身の考え方のベースになるものです。

たとえば、僕は161ページで、バブル期以降に生まれた子どもたちは、努力して成功をつかむことより、「いかに落ちないようにするか」が大事になっているようだ、と書きました。それより上の世代には「努力によって上を目指すことができる」と信じる人が多いけれど、今の若者はあまりそう感じない、と。

つまり、時代によって価値観は変わってきます。さっきは場所によって価値観は変わるという話をしましたが、時代によっても変わるということです。

ですから、よく大人たちが言う「今の若者には向上心がない」という嘆きは、物事の一面しか見ていない評価だと思っています。向上心がないわけではなく、価値観が違うだけなのです。

バブル時代の「常識」では、会社という組織に入った以上、いずれ昇格して管理職になるのはほぼ当たり前のことでした。ところが、最近では、中堅や若手世代を中心に、「管理職になりたくない」と主張する社員の割合が増えています。

たとえば、２０１７年5月に株式会社キャリアインデックスが実施した「有職者に向けた仕事に関する調査」を見ると、20代、30代の男性社員では5割前後、20代、30代の女性社員ではどちらも8割以上が「管理職になりたくない」と答えています。

管理職というのは、部署内の人間関係の調整をしたり、トラブルを解決したり、人を管理する仕事です。気苦労の多い仕事ですから、いくら給料や地位が高くなっても、そんなことをやりたくないと思う人がいても不思議はありません。カネやモノ、地位よりも、心や体の健康を優先したいという考え方もあるでしょう。それを「向上心がない」と決めつけるのは間違っています。

そもそも価値観が違うのです。

景気がいい頃は、大量生産と大量消費のシステムのなかで「いかにたくさん稼げるか」が価値のあることだという風潮がありました。国産車で満足するな、もっと高価なポルシェやフェラーリを目指そうぜ、という時代でした。

その残り香を持つ人たちが今も社会の中枢にいますが、そういう人たちからすれば、「今の若者は欲がない」とか、「自分の心地よいコンフォートゾーンから出られない」とか、「もっと上を目指せば、もっとよくなるのに」と不甲斐《ふがい》なく感じることもあるかもしれません。

でも、今は国産車どころではありません。

所有ではなく、もはやシェアする時代です。

また、お金だけが価値あるものではなくなりました。

２０１９年に出た「令和版・人生ゲーム」は、これまでとガラリとルールが変わり、なんと「お金」に代わって「フォロワー数」を競うようになっています。紙幣や職業カードといった要素もなくなり、ゲーム終了までにより多くのフォロワーを獲得したプレイヤーが勝ちだそうです。

社会の動きを取り入れる人生ゲームがこうなのです。10年前や20年前までとは、世の中の価値観が大きく変わってきていると言えるでしょう。

だからこそ、僕が皆さんに伝えたいのは、自分の価値観だけを正しいと信じる大人ではなく、自分とは違う価値観も認められる大人をお手本にしようということです。

これからも、世の中はどんどん変わっていきます。

それなのに、前時代的な価値観を持ち続け、それが否定された瞬間に逆ギレするような「偉い人」もいる一方で、新しい時代の価値観をきちんと認められる人もいます。

師匠として持つのであれば、そこができている人かどうかをきちんと見極める必要があります。

またその反対に、若い人が「あのおっさん、終わってるから」と自分より上の世代を全否定するのも危険です。

なぜなら、進化というものはA地点からB地点へ直線状に進むのではなく、ぐるぐる回りながら登っていく螺旋《らせん》階段のように発展していくからです。多様な価値観を認められない人は、進化に対応できなくなります。

どういうことなのか、人の通信手段を例に考えてみましょう。

遠い昔、江戸時代には飛脚が手紙を運んでいました。でも、手紙が相手に届くまでには、かなりの日数がかかります。

明治時代になると、通信速度を速めるために電話が生まれました。

ただ、電話によって通信速度は上がったものの、手紙のように記録には残りません。

また相手と時間を合わせる必要がありますし、相手の時間を奪うという側面もあります。

そこで登場したのが電子メールです。メールは即時的に相手に伝わりますし、記録にも残ります。相手の都合に関係なく、自分のタイミングで送受信できます。

このように手紙から始まり、電話が出てきて、また一周回って手紙のよさが取り入れられているのです。

電子メールにも、声が聞こえないとか相手の感情が伝わりにくいなどの不便な面があり、その結果として、ビデオ通話やオンラインミーティングが出てきました。これらはアーカイブが残せるようになったり、話したことを文字化できたりと、さらに進化しています。

つまり、前時代のものは常に否定されますが、否定されながらも、一部の要素は次にいかされているのです。

また、電子メールは便利ですが、心を込めて相手に何かを伝えたいときには手紙を書く、相手の感触を得たいときには電話で話すという人がいるように、以前の手段が完全に捨てられることはありません。前時代のものは否定されるものの、実は一段、レベルが上がった状態で残るのです。

ですから、うまくいかなかった物事をただの「失敗」と捉えて切り捨ててしまうと、多様性は生まれません。多様性がないということは、物事がそれ以上発展しない、つまり進化しないということです。


これは、僕たちが人に接するときも同じです。

たとえば自分の親や上司が前時代的な価値観に固執している人だと、やはりやりづらく感じるとは思いますが、そこで「老害」などと切り捨ててしまうと、相手の実態を正しく捉えることはできません。何より物事が前に進みません。

ですから、僕たちのやるべきことは単に切り捨てるのではなく、相手をよく観察し、相手のよさを引き出すことです。切り捨てるのではなく、相手をうまく「活用」するのです。

このように、一つの考えを否定するものの、その考えを捨て去るのではなく、いったん保留してより高い段階でいかすような思考法を、哲学の世界で「アウフヘーベン

（止揚《しよう》）」といいます。

矛盾する2つの主張のどちらも否定せず、多様性のある本質的な結論へ発展させるということです。ちょっと難しい概念（考え方）ですが、こうした考え方があることを知っておくと、浅はかな結論に飛びつくことが少なくなると思います。

「男はこうあるべきだ」「女はこうあるべきだ」といった議論も同じです。

「これが正解」という凝り固まった価値観を乗り越え、多様な価値観を認めながら、多くの人が生きやすくて、幸せを感じられる社会をつくっていく。それこそが「正解」なのではないでしょうか。

二流、三流の人ほど「無理」と言う

ところで、前にも触れましたが、僕は教育の本質は憧れだと思っています。

ですから、子どもが憧れるような大人がたくさん出てきたら世の中はもっとうまく回っていくと思うのですが、現実問題として、皆さんの周りに憧れの大人がいないということもあるかもしれません。

もしも、皆さんが自分の周りに尊敬できる大人がいないと思うなら、その世界に固執するのでなく、外の世界で探してみることをお勧めします。

今はSNS(ソーシャルネットワーキングシステム)などもありますから、有名人とも、一流と言われている人にも直接連絡することもできます。

そんなことを言うと、「有名人に連絡なんてしたって、相手にしてもらえないに決まっている」と言う人も多いかもしれませんね。どうせ無駄だと思えば、行動に移すこともないかもしれません。

でも、本当にそうでしょうか?

有名人でも、自分に対する敬意や気遣い、何より熱意が感じられる相手であれば、たとえ中高生だとしても、「話だけは聞いてみよう」と興味を持つ可能性は十分あります。むしろ連絡してきた相手が中高生だからこそ、興味を持つこともあるかもしれません。

実際に僕はアメリカの大学にいたとき、ハリウッドを代表する世界的なアメリカ人俳優の事務所に連絡をして、本人と電話で話したことがあります。誰でも知っているような、世界的な超大物俳優です。

するとその方は自分に直接コンタクトをとってきたアジア人の大学生に興味を感じてくださり、僕に撮影所のパスを送ってくださったのです。おかげで、撮影所で直接お会いすることができました。またそこで縁ができたことで、それ以降も何度かお会いする機会に恵まれています。

そのとき、たまたまタイミングや巡り合わせがよかったということもあるかもしれません。でも、勇気を出してコンタクトしなかったら、こうしたチャンスは訪れなかったのです。

ですから、「どうせ無理」と諦めるのではなく、まずはコンタクトしてみることです。

それにしても、一流の人に触れることがなぜ大切なのでしょうか？

一流の人というのは、何かをやろうと思ったら簡単に「できない」とか「無理だ」とは諦めません。何とかして「できる道」を探します。

そんな人の言葉には大きな力があります。ですから、一度でいいから一流の人に会って言葉をもらえたら、それは大きな財産になるはずです。

つまり、一流の人に会うことやその言葉に触れることこそ、あなたの可能性を開く、大きなきっかけになるということです。

反対に、すぐに「できない」とか「無理だ」と言う人は、はっきり言って、二流や三流の人です。

できる可能性を探ってみることもなく、すぐに諦めてしまう。人の話をきちんと聞こうとしない。そして、悪いのは世の中や他者だと決めつける。そんなことを続けていたら、成功できないのは当たり前ですよね。

話は変わりますが、皆さんは『わらしべ長者』という昔話を知っていますか？

何をやってもうまくいかない貧乏な青年が観音様のところへ行き、「金持ちになるにはどうしたらいいでしょうか？」と聞きに行くところから、この話は始まります。

青年が三日三晩通うと、ようやく観音様から「お堂から出て、最初に掴んだものを持って西に向かって歩きなさい」とお告げがあり、お堂から出た瞬間に転んで手に摑んだのがわらで、そこからわらをいろいろなものに交換していって、最後はお金持ちになるという話です。

僕はこの青年って、結構デキる奴だと思うのです。それはなぜかというと、最初に話を聞きに行く相手に観音様を選んだからです。

というのも、観音様というのはおそらく宇宙の真理のすべてを知っている人です。いわばトップ・オブ・トップ。自分の身近な人に聞くのではなく、そんなすごい人の意見を聞くために3日間も行動し続けたのです。それがこの青年の成功要因でした。

皆さんも「ぜひ、この人の話を聞いてみたい」という人がいたら、まずは行動してみてください。1回やってダメでも諦めず、何回でも手紙を書いてみることです。

でも、知らない人とコンタクトをとる際には、気をつけなければいけないことがあります。当然ですが、世の中には人を騙そうという性分の人もいます。表面では優しい顔をしていても怪しい話を持ちかけてくる人もいますから、コンタクトする相手は誰でもいいわけではありません。

人を見る際に、お勧めしたい基準が2つあります。

1つ目は、まず10年間はきちんとした活動を続けている人を選びましょう、ということです。やはり、それなりの実績が必要です。

2つ目は、人と付き合う際には、3年くらいは相手を見定めたほうがいいということです。

3年くらい付き合っていると、その間にトラブルや問題に対して、その人がどう言った対応をするかによって人柄がわかります。

僕の場合、最初のうちは相手の言うことを鵜呑《うの》みにしないというスタンスで、3年くらい付き合ってから初めて相手を信用することにしています。

ですから、たとえ憧れの人であっても、一流と言われる人であっても、3年間ほどは慎重に相手を見極め、相手の言うことを何でも鵜呑みにはしないことです。

当然、簡単にお金を支払ったり、貸したりすることはやめましょう。こうしたことは世の中に出るときの基本ルールですから、絶対に忘れないでください。

親の話はどこまで聞くべきか

さて、自分の生きる環境について考えるとき、「親とどう付き合っていくか」は、かなり重要な問題です。

どんな人でも、最初の関門になるのはやはり親でしょう。もっとも近くにいて、ずっと自分を見てきた人たちです。自分のやりたいことが見つかるとか、見つからない以前に、小さな頃からの親の期待や無言のプレッシャーを感じて生きてきたという人もいるかもしれません。

親とどう付き合っていくべきなのでしょうか。あるいは、親の言うことはどこまで聞くべきなのでしょうか。

これから書くことは僕の持論ですが、一つのヒントにしてもらえたら嬉しいです。

まず大前提として、親の気持ちを考えてみましょう。そもそも親の気持ちというのは、子どもには理解しがたいものです。

たとえば、母親が妊娠するとどうなるかというと、お腹が大きくなり、動きづらくなります。つわりで苦しむ人も多いですし、制限されることも増えてきます。また、それまでは化粧やダイエットなど、おしゃれや美しさに労力や時間を使っていた人も、栄養はほとんど胎児にいくようになりますから、肌ががさがさに荒れることもありますし、自分が今までコントロールしていた体重なども、どんどん増えていきます。

さらに出産後は、産後の辛い体調のなかで授乳やミルクづくり、オムツ替えなどをするのは大変です（もちろん夫がする場合もあります）。1時間に1回、2時間に1回などのめまぐるしいスケジュールで赤ん坊をお世話しなければいけませんから、子どもが小さな頃はほとんど眠れなかったという人もいます。そのうえ夜泣きでもされたら、心も体も参ってしまう人もいるかもしれません。

子どもは、その後もすぐに独り立ちできるわけではありません。毎日ご飯をつくり、お風呂に入れ、一緒に遊んであげて、勉強を見てあげて……と、さまざまなケアをするのが親です。そういう生活を何年も続けてきたにもかかわらず、自分の言うことを聞かないという存在がいたら、皆さんならどう思いますか？

ビジネスで考えてみれば、スタートアップの会社に大規模に投資して、利益がないまま事業を手伝ってあげ、資金が足りなくなるごとに投資してきたのに、事業が成功した途端に「お前みたいな株主はいらない」と突き放されたら……、「恩知らず」と思っても無理はありませんよね。

そんなことをナチュラルにやっているのが子どもです。

親御さんたちは自分の人生をかけて、子どもにいわば「投資」をしているわけです。ですから、親御さんたちの気持ちや意見には、最低限の誠意を見せなければいけません。僕たち塾の講師もそういう認識を持っておくべきだし、それは子どもたちにも伝えるべきだと思っています。

ただし、ここからが重要なポイントです。

子どもを育てる親の苦労を思い、最大限の誠意やリスペクトを払うのは大前提ですが、しかし基本的に、親の言うことはそのまま聞いてはいけません。

それはなぜかと言えば、親というのは前時代に育ってきた人たちだからです。君たちは、これから数年後や10年後に大人になる人たちです。親御さんたちが過ごしてきた時代とは30年も40年も違います。そうなると、生活環境も成功法則もすべて変わってくるのは当然です。

たとえば、20年前の「ヒットの方程式」はもう通用しませんよね。インスタグラムやYouTube、Tiktokなどの新しいメディアもどんどん登場しています。

そんなときに、先入観を持たずに使ってみて理解しようとする気持ちがある人ならいいのですが、全然知らないのに否定する大人って意外と多いですよね。また、『鬼滅の刃』が大ヒットしたときなどに、「こんなものより、『千と千尋の神隠し』のほうが断然いいのに」と、自分の古い価値観に固執し続ける大人もいます。

あるいは、自分が中高生や大学生くらいの時期に聴いていた歌手をずっと聴き続けて、今の流行りの歌を一切聴こうとしない大人もいます。

今、流行っているということは、今の時代に生きる大勢の人の心を摑んでいるということです。なぜそれがたくさんの人の心を摑んだのかを考えてみようともしない人は、はっきり言って「老化」していると言ってもいいでしょう。

もっとも多感でアンテナが高かった20年前の価値観から抜け出せていないし、自分の居心地のいいコンフォートゾーンから一歩も出ようとしていません。つまり、時代の流れについていけていないということです。

今の時点ですでに時代の流れに追いついていない人が、君たちが大人になる数年後や10年後に、世界はこうなるだろうとか、こうしたら成功するはずなどと言えるでしょうか。僕は疑問だと思います。

もちろん、親には最大限のリスペクトをしないといけません。また、古い文化を否定するわけでもありません。誰だって演歌や歌舞伎を楽しんでいいのです。

でも、親の言うことをすべて素直に聞いていたら、見誤ることもあるかもしれないという自覚も必要です。

やはり子どもにとって、もっとも影響力があるのは親の態度です。

これまで僕は多くの生徒さんや親御さんとお会いしてきましたが、親というのは、ときに子どもを温かく見守る最大の支援者になることもあれば、頑張っている子どもの邪魔をする最大の抵抗勢力になることもあります。

親がすべきことは、子どもがやりたいことを見つけ、努力して自分の可能性を広げていこうとしているときに、決して「お前には無理だ」と否定しないことです。子どもの言葉を信じて、信念を持って温かく見守ることです。子どもの才能を開花させるためには、それしかないと思います。

でも、どうしても親が認めてくれないこともあるかもしれません。

そんなときに君たちがしなければいけないのは、自分自身を信じることです。

他の人から「お前には無理に決まっている」「できるわけがない」などと言われたとき、確かにその通りだと受け入れて諦めてしまうことは、自分の可能性を自分で潰してしまうのと同じです。子どもにとって親の意見は大きいでしょう。それがすべてという感覚を持つ人もいるかもしれません。

でも、自分で「無理だ」と決めつけた瞬間に、可能性は閉ざされてしまいます。

できるかどうかを決めるのは自分自身だということを忘れてはいけません。これは君の人生なのです。

自分の人生をワクワクしながら生きるのか、「人生は辛いもの」と思って生きるのか。それは君の考え方次第です。

きっと方法はあります。まずは諦めないこと。周囲の「無理に決まっている」「世の中は大変だ」に引きずられないことです。

成功している人や結果を出している人は、周りからどんなネガティブな話を聞かされても、「自分なら、どうやったらできるか」を考えます。そして目の前の「今できること」に集中します。まずは自分の可能性を信じることです。

悩んでいること、それ自体が宝物

さて、この本も終わりに近づいてきました。最後に、僕は君たちに伝えたいことがあります。

それは、今のこの時期を大切に生きてほしいということです。

僕は、君たちのことを尊敬しています。塾で子どもたちと接していると、その正直さや純粋さにハッとさせられることばかりだからです。

僕は子どもたちと接すれば接するほど、大人としての自分の醜さを感じることがあります。それは体についた余計な贅肉《ぜいにく》のようなものです。コントロールしなきゃ、運動しなきゃと言いながら、できずに長年重ねてしまった贅肉のような醜さです。

残念ながら、大人の僕にはもう、初めて回らない寿司を食べたときの、「うわ、なんて美味しいんだ！」という新鮮な感動はありません。今までいろいろなお店に連れていっていただいたおかげで、「美味しいけど、やっぱりカップラーメンがいいよね」なんて言っている時点で、僕はすでに汚れてしまっているのです。

また誰かに恋をして、「たった一目でいいから姿を見たい」と胸が締めつけられることもなければ、「どんなふうに声をかけたらいいだろう」と思い悩むこともありません。少ないお小遣いのなかで「この本を買うべきか、この漫画を買うべきか」と真剣に迷うこともありません。もちろん喜ばしいことではありますが、ほしいものはほぼ全部買えてしまうのです。

友だちに嫌われて苦しい思いをすることも、大人になれば、それほど大変な問題だとは思えなくなります。

誰かにいじめられたようなときも、狡猾《こうかつ》な大人なら「これで訴えたら、いくら損害賠償を取れるかな」と考えるかもしれません。あるいは、もっと上層部の人に訴えて、相手を陥れてやろうと考えることもあるかもしれません。

卒業式で「もう皆と会えない」と泣く子を見て、中学や高校のときの友だちなんてどうせ会わなくなるから問題ないさ、と冷笑する大人もいることでしょう。

物事をうまく調整する手練手管《てれんてくだ》も、人をコントロールしようとする権謀術数《けんぼうじゅっすう》も、誰かに従うふりをして心の中では舌を出す面従腹背《めんじゅうふくはい》も……、多くの大人は何気なくやっているけれど、とても君たちには見せられないものばかりです。

つまり僕が何を言いたいかというと、君たちは今、自分が未熟だとか、うまくいっていないとか、ダメな人間だと思っているかもしれないけれど、実はそう思えるその感性こそが「宝物」なのだということです。

40歳や50歳になった大人がいつまでも10代の頃に聴いていた音楽にしがみつくのは、10代という時期が、人間としてもっとも感性の優れた時期だからです。「〜したい」と思う欲望も、ある意味では純粋さの表れです。ものわかりのいい大人のふりをして生きていると、そんな欲望を感じることすらなくなってしまいます。自分がどうしたいかよりも、まず他人の視線を優先させてしまうからです。

大人になると、この時期の感性は特別だったことがよくわかります。「悔しい」「悲しい」「切ない」といった感情も、この時期だからこそ繊細に感じ取れるものなのだと。情けないと傷ついている自分の気持ちこそ、かけがえのないものだったのだと。だからこそ、こうした感性を嘆くより、まずは愛《め》でてほしいのです。

君は今、「自分にはやりたいことがない。何とか夢を見つけなければ」と焦っているかもしれませんが、本当はその焦りや悩み自体が素晴らしいことなのです。君が、自分の力で自分の人生を生きようと懸命に生きている証拠なのですから。

そのことを忘れず、自分のことを誇りに思ってください。そして、自分には無理だなんて諦めないで、自分の力を信じてほしいのです。
そうすれば、目の前には無限の可能性が広がっていることに気づくはずです。
そして、本当にやりたいことも、いつかきっと見つかるはずなのです。
いまやりたいことが見つからない、という君へ。
それは、何の問題もありません。

さいごに

「やりたいことがない」という若い皆さんのために、今回の本はつくられました。ただ、僕は思うのです。「今日はビッグマックを食べたいな」とか、「公園に好きな子とデートに行きたいな」とか、「あの映画見てみたいな」とか、あらゆる「やりたいこと」が日常に潜んでいるのでは？　と。そういう小さな、日常的な「やりたいこと」を大切にしてほしいです。そして日記やSNSなどに記録してみてください。すると、あなたのたくさんの「やりたいこと」や「やりたかったこと」が集まります。そこからあなたの「価値観」がうっすらと見えてきます。

多くの友だちと楽しい経験をしたいのかもしれないし、バスケに打ち込んで苦しいながらも仲間と目標を達成するのを目指していくのが好きなのかもしれない。はたまた、一人でいる時間に道端に咲いた花の美しさに感動しているのかもしれないし、交差点ですれ違った綺麗《きれい》な年上のお姉さんの後ろ姿に惹《ひ》かれてきたのかもしれない。

そういう小さな心ときめく瞬間を拾い集めてみてください。僕が人生を語るのは時期尚早かもしれませんが、人生とは結局は「暇つぶし」と言えるかもしれません。その暇つぶしに、いかに心をときめかせるものを集められるか、最初は価値観も背景も違う人と出会って、小さな約束を守りながら、トラブルを経験しながら、「信頼できる仲間」をつくっていけるか、それによって、あなたの人生の価値が大きく変わっていきます。

一つひとつの積み重ねの上にしか、「価値」は生まれません。目の前のトキメキ、約束、裏切り、味覚、トラブル、炎上、涙、喜び、悲しみ、愛、さまざまなイベントを愛でてください。それらを集めて振り返り、それを踏まえて「学び」という土台で自分の視点が高く、そして多面的になったときに、未来を見渡すことができます。それによって「やりたいこと」が遠くのほうにうっすら見えてくるものです。

そしてできれば、「誰かのために」自分の全力を一つひとつに尽くしてみてください。きっと、素晴らしい未来が開けます。

ご縁があれば、きっとあなたと未来でつながるかもしれません。そのときにはどうぞよろしくお願いいたします。

「やりたいことが見つかりました。するとあなたと会えました」そう言ってくれるととても嬉しいです。

坪田信貴

2021年9月

坪田信貴（つぼた・のぶたか）

坪田塾塾長
累計120万部突破の書籍『学年ビリのギャルが１年で偏差値を40上げて慶應大学に現役合格した話』（通称ビリギャル）や累計10万部突破の書籍『人間は９タイプ』の著者。これまでに1300人以上の子どもたちを子別指導し、心理学を駆使した学習法により、多くの生徒の偏差値を短期間で急激に上げることで定評がある。大企業の人材育成コンサルタントもつとめ、吉本興業ホールディングス株式会社の社外取締役など、起業家・経営者としての顔も持つ。テレビ・ラジオ等でも活躍中。新著に『「人に迷惑をかけるな」と言ってはいけない』（SBクリエイティブ新書）がある。

帯イラスト　藍にいな
デザイン　TYPEFACE
販　売　北森 碧
編　集　下山明子
構成協力　真田晴美
宣　伝　内山雄太

小学館 YouthBooks

やりたいことが見つからない君へ

2021年10月６日　初版第一刷発行
2023年１月28日　第三刷発行

著　者　坪田信貴
発行人　下山明子
発行所　株式会社 小学館
〒101-8001　東京都千代田区一ッ橋 2-3-1
電話　03-3230-4265（編集）
03-5281-3555（販売）

印刷・製本　大日本印刷株式会社

ISBN978-4-09-227286-6